21世纪经济管理精品教材·创新创业教育系列

Innovative Thinking and Innovation Management

创新思维与创新管理

曹裕 陈劲◎编著

清华大学出版社
北京

图书在版编目(CIP)数据

创新思维与创新管理/曹裕，陈劲编著. —北京：清华大学出版社，2017(2021.1重印)
(21世纪经济管理精品教材·创新创业教育系列)
ISBN 978-7-302-47007-6

Ⅰ. ①创…　Ⅱ. ①曹…　②陈…　Ⅲ. ①企业管理－创新管理　Ⅳ. ①F273.1

中国版本图书馆CIP数据核字(2017)第096281号

责任编辑：左玉冰
封面设计：李召霞
责任校对：宋玉莲
责任印制：宋　林

出版发行：清华大学出版社
网　　址：http://www.tup.com.cn，http://www.wqbook.com
地　　址：北京清华大学学研大厦A座　　邮　　编：100084
社 总 机：010-62770175　　邮　　购：010-62786544
投稿与读者服务：010-62776969，c-service@tup.tsinghua.edu.cn
质量反馈：010-62772015，zhiliang@tup.tsinghua.edu.cn
课件下载：http://www.tup.com.cn，010-62770175-4506
印 装 者：三河市少明印务有限公司
经　　销：全国新华书店
开　　本：185mm×230mm　　印　张：13.5　　字　　数：200千字
版　　次：2017年5月第1版　　印　　次：2021年1月第5次印刷
定　　价：39.00元

产品编号：064675-01

前言

创新是经济增长的重要内生变量，是企业保持竞争优势的重要源泉。随着经济全球化的加剧，创新作为企业软实力之一，在当今的竞争模式中扮演着关键的角色。对于企业而言，创新的关键在于创新管理，这就要求企业成员具有创新思维，企业管理者需要用创新性的思维去管理企业的创新活动，将创新转化为经济效益，实现创新价值。

尽管大部分人都知晓创新的重要性，但是对企业创新的关键所在存在较大的认知差异，部分企业管理者认为创新只是开发新的技术，企业的创新管理就是开发出足够多的新技术并将其整合在一起。为了纠正人们对于创新的一些误解，编者充分借鉴国内外关于创新思维与创新管理优秀教材的编写体系，结合近年来国内外学者的研究成果，进一步理顺了创新思维和创新管理的内涵及两者之间的联系，从整体上阐述了创新思维和创新管理的核心内容，相比于已有教材，本书的亮点在于：

(1) 参考资料紧跟学术前沿，更具科学性。本书借鉴了国内外多种关于创新思维与创新管理优秀教材的理论体系，紧跟国内外最新研究成果，并在此基础上进行整合提升，教材内容更具有权威性和科学性。

(2) 关注创新思维与创新管理的逻辑联系，更具系统性。现有的著作及教材，均将创新思维与创新管理割裂开来研究，实际上创新思维与创新管理是紧密联系的，创新思维关注个人层面上的创新能力提升，创新管理在于创造创新环境,促进创新思维发展。

(3) 案例穿插灵活合理,更具实用性。已有的大部分教材将案例作为独立的板块进行分析,本书在编写的过程中充分采用这种编写体系的优点,同时进一步将一些创新小故事穿插在理论知识部分,帮助读者加深对理论知识的理解,有助于提高读者理论与实际相结合的能力。

(4) 创新思维训练游戏,更具可读性。针对读者的挑战心理,编者选取了一些经典的、极具思维开发性的创新思维训练小游戏编入本书中,以培养读者的创新思维,并增强教材的趣味性。

本书依照"总—分"的编写思路,详细介绍了创新思维与创新管理的相关概念以及两者之间的逻辑关系,并就个人创新思维能力的提升和企业管理者的创新管理进行了详细的阐述。全书共十章。在第一章中,详细介绍了创新的含义与特征、创新的不同类型以及创新的模式等,重点对创新的基本概念进行阐述。第二章重点介绍了创新思维与创新管理,分别阐述了创新思维与创新管理的定义,并区分了创新管理和管理创新两个概念的区别与联系,紧接着对创新思维与创新管理两者之间的内在联系进行了剖析,引出创新管理的主要内容,即培养组织的创新思维、制定组织创新战略、建设创新型组织、沟通与激励、创新绩效的评估。本书的剩余部分即依照此脉络进行组织。第三章详细剖析了阻碍创新思维培养的因素,并提出破除相应障碍的方法等。第四章中深入探讨了几种创新思维的开发方式,通过阅读这一章,读者可以了解如何有效提升自身的创新能力。第三、四章旨在重点介绍如何培养组织的创新思维。第五章着重介绍了如何制定制胜的创新战略,通过阅读这一章,读者能够了解创新战略的基本内容、创新战略制定的内外部因素以及创新战略中的风险管理与风险态度。第六章将创新管理从管事过渡到管人,介绍了建立创新型组织的方法,通过阅读这一章,读者可以了解如何建立创新型组织以及创新型组织的目标,并介绍了进行创新管理的专门部门。第七章和第八章分别介绍了如何促进团队更好地沟通以及如何激励员工进行创新,通过阅读这两章的内容,读者可以了解到促进团队沟通的方式及技巧,推动员工进行创新的激励机制。第九章是创新绩效的评估,这是创新管理的最后一步，对创新绩效进行评估，这一章全面阐述了进行绩效评估的重要性以及创新绩效评估的指标体系与评估方法。第十章主要探讨了创新管理的未来趋势，根据现实状况展望创新管理的发展，让读者了解创新管理的发展方向。

本书适合管理类专业学生及MBA学生使用。读者可以通过对本书的学习，了解如何开发和培养个人的创新思维，如何对企业进行创新管理以及创新思维在创新管理中的运用。本书是编者依据已有研究进行编写的，若有不足之处，衷心希望广大读者批评指出。

编　者

2017年3月20日

目录

第一章

创　　新

学习目标：掌握创新的含义与特征；了解根据不同标准对创新类型的划分；了解自主创新模式、模仿创新模式与合作创新模式。

第一节　创新的含义与特征

纵观人类发展历史，创新始终是推动一个国家、一个民族向前发展的重要力量，也是推动整个人类社会向前发展的重要力量。在激烈的国际竞争中，要实现经济的持续健康发展，必须依靠创新驱动，创新是引领发展的第一动力。

一、创新的含义

1912 年，美籍奥地利经济学家熊彼特(J. A. Schumpeter)在其著作《经济发展理论》中首次提出“创新”的概念。他认为，所谓创新就是要“建立一种新的生产函数”，即“生产要素的重新组合”，把一种从来没有的关于生产要素和生产条件的“新组合”引进生产体系中，以实现对生产要素或生产条件的“新组合”。这种新组合包括：①引进新产品；②采用新技术；③开辟新的市场；④控制原材料新的供应来源；⑤实现工业的新组织。熊彼特的创新概念包含的范围很广，不仅涉及技术性变化的创新，还包括非技术性变化的组织创新，在创新领域上具有开拓性，在整个西方经济学说史上占有重要的地位。但在当时，熊彼特的创新理论似乎被同期的“凯恩斯革命”理论所淹没，并未得到广泛的重视。直到 20 世纪 50 年代，随着科学技术的迅速发展，技术变革对人类社会和经济发展产生了极大的影响，人们才开始重新认识创新对经济增长和社会发展的巨大作用，并开始研究创新的规律。20 世纪 60 年代，美国经济学家华尔特・罗斯托(W. W. Rostow)提出了“起飞”六阶段理论和“技术创新”的概念，并把“技术创新”提高到“创新”的主导地位。随后，人们对技术创新进行了深入的研究，大体可分为以下三个阶段：

第一阶段是20世纪50年代初到60年代末，在新技术革命浪潮推动下，技术创新研究迅速复兴，逐步突破新古典经济学的局限与束缚，开始兴起对技术的变革和技术创新的研究，迈尔斯(S. Myers)和马奎斯(D. G. Marquis)是主要的倡议者及参与者。在其1969年的研究报告《成功的工业创新》中将创新定义为技术变革的集合，认为技术创新是一个复杂的活动过程，从新思想、新概念开始，通过不断地解决各种问题，最终使一个有经济价值和社会价值的新项目得到实际的成功应用。到70年代下半期，技术创新的界定进一步拓宽，在NSF报告《1976年：科学指示器》中，认为技术创新不仅包括将新的或改进的产品、过程或服务引入市场，并将模仿和不需要引入新技术知识的改进这两类创新划入技术创新的定义范围中。在这一阶段，创新尚处于新研究领域的开发阶段，研究比较分散，尚未形成完整的理论框架，研究方法以案例分析总结为主。

第二阶段是20世纪70年代初至80年代初，有关技术创新的研究持续升温。在这一阶段，技术创新研究从管理科学和经济发展周期研究范畴中相对独立出来，初步形成了技术创新研究的理论体系。其中，厄特巴克(J. M. UMerback)的创新研究独树一帜。他在1974年发表的《产业创新与技术扩散》中提出，与发明或技术样品相区别，创新就是技术的实际采用或首次应用。缪尔塞(R. Mueser)则在80年代中期对技术创新概念做了系统的整理分析，他认为技术创新是以其构思新颖性和成功实现为特征的有意义的非连续性事件。英国著名学者弗里曼(C. Freeman)从经济学角度对技术创新进行了思考。他认为技术创新在经济学上的意义只是包括新产品、新过程、新系统和新装备等形式在内的技术向商业化实现的首次转化。在这一阶段，研究的具体对象开始逐步分解，出现了对创新不同侧面和不同层次内容的比较全面的探讨，包括对技术创新的定义、分类、起源、特征、过程机制与决策、经济与组织效应等，并逐步将组织管理行为理论、决策理论等多种理论和方法应用到技术创新研究中。

第三阶段是20世纪80年代初至今。这一阶段，技术创新的研究呈现出研究综合化、重点专题深入研究、注重研究内容和成果对社会经济技术活动的指导作用三个特征。诸如技术创新的预测和创新活动的测度评价、创新组织建立的策略和规范、政府创新推动政策的跟踪分析、对某一行业的技术创新或某一项技术创新发生与发展的全过程的分析等实用性强的研究课题，受到普遍关注，并注重技术创新研究成果的转化。

可见，在相当长的一段时间内，人们常常将技术创新当作创新的所有内容。但是，技术创新不能代表所有的创新，技术创新只是创新的一种表现形式，是众多创新中的一种。我们认为，创新是指以现有的知识和物质，在特定的环境中，改进或创造新的事物(包括但不限于各种方法、元素、路径、环境等)，并能获得一定有益效果的行为，而不仅仅包括工艺方法等技术创新。简单来说，创新有三层含义：一是更新；二是创造新的东西；三是改变现状，就是对原有的东西进行改造、改革和发展。创新的本质是突破，即突破旧的思维定势、旧的常规戒律。创新活动的核心是“新”，它或者是产品的结构、性能和外部特征的变革，或者是造型设计、内容的表现形式和手段的创造，或者是内容的丰富和完善。

二、创新的特征

创新是突破性的实践活动，它不是一般的重复劳动，更不是对原有内容的简单修补，它具有目的性、变革性、新颖性、超前性、价值性五个特征。

(1) 目的性。任何创新活动都有一定的目的，这个特性贯穿于创新过程的始终。创新特别强调效益的产生，它不仅仅要知道“是什么”“为什么”，还要知道“有什么用”“怎样才能产生效益”。所以，创新是一个创造财富、产生效益的过程。

(2) 变革性。创新是对已有事物的改革和革新，是一种深刻的变革。创新是一个动态的过程。在知识经济条件下，唯一不变的就是一切都在变，而且变化得越来越快。因此，任何创新都不可能是一劳永逸的，而只有不断地变革和创新，才能适应时代的要求。

(3) 新颖性。创新是对现有的不合理事物的扬弃，革除过时的内容，确立新事物。创新不是模仿、再造，因此，新颖性是创新的首要特征。具体来说，新颖性又包括三个层次：一是世界新颖性或绝对新颖性；二是局部新颖性；三是主观新颖性，即只是对创造者个人来说是前所未有的。

(4) 超前性。创新以求新为灵魂，具有超前性。这种超前是从实际出发、实事求是的超前。因此创新可能成功，也可能失败，这种不确定性就导致了创新的风险。因此，在创新过程中，只准成功、不许失败的要求，实际上是不切实际的。只能通过科学的设计与严格的实施，来尽量降低创新的风险。

(5) 价值性。创新有明显、具体的价值，对经济社会具有一定的效益。创新可以重新组合生产要素，从而改变资源产出，提高组织价值。而对于企业来说，创新利润是最重要、最基础的部分，也只有创新利润才能够反映出企业的个性。

第二节　创新的类型

基于不同的视角，可以把创新分为不同的类型。

一、根据创新的表现形式分类

创新虽有大小、层次之分，但无领域、范围之限。虽然创新的种类是无穷尽的，但是若按大的属性划分，我们可以根据创新的表现形式将它分为知识创新、技术创新、管理创新和方法创新四大类。

1. 知识创新

知识是人们在探索、利用或改造世界的实践中所获得的认识和经验的总和。知识创新是指通过科学研究，包括基础研究和应用研究，获得新的基础科学和技术科学知识的过程。知识创新的目的是追求新发现、探索新规律、创立新学说、创造新方法、积累新知识。知识创新是技术创新的基础，是新技术和新发明的源泉，是促进科技进步和经济增长的革命性力量，它可以为人类认识世界、改造世界提供新理论和新方法，为人类文明进步和社会发展提供不竭动力。

知识创新具有以下特征：

(1) 独创性。知识创新是新观念、新设想、新方案及新工艺等的采用，它甚至会破坏原有的秩序。知识创新实践常常表现为勇于探索、打破常规，知识创新活动是各种相关因素相互整合的结果。

(2) 系统性。知识创新可以说是一个复杂的"知识创新系统"，在实际经济活动中，创新在企业价值链中的各个环节都有可能发生。

(3) 风险性。知识创新是一种高收益与高风险并存的活动，它没有现成的方法、程序可以套用，投入和收获未必成正比，风险不可避免。

(4) 科学性。知识创新是以科学理论为指导、以市场为导向的实践活动。

(5) 前瞻性。有些企业，只重视能够为当前带来经济利益的创新，而不注重能够为将来带来利益的创新，而知识创新则更注重未来的利益。

对企业而言，知识创新一般有两种形式：累积式知识创新和激进式知识创新。累积式知识创新是企业在原有知识的基础上，结合外部资源进行持续创新，这种创新是在原有知识基础上进行的创新。创新的累积性还意味着学习过程必须是连续的，学习过程依赖的主体是企业，其组织不能随时间的流逝而解体。激进式知识创新是指企业突破惯性思维，发现现有知识中没有的全新知识，这一创新的来源既有科技创新给企业带来的根本性变革，也有企业效仿竞争对手引进的新知识、新技术与新理念。无论是累积式知识创新，还是激进式知识创新，企业都需要具备包容新知识的素质和才能。

2. 技术创新

技术创新，指生产技术的创新，包括开发新技术，或者对已有的技术进行应用创新。科学是技术之源，技术是产业之源，技术创新建立在科学发展的基础之上。技术创新是一个从产生新产品或新工艺的设想到市场应用的完整过程，它包括新设想的产生、研究、开发、商业化生产到扩散等一系列的活动，本质上是一个科技、经济一体化的过程，是技术进步与应用创新共同作用催生的产物，它包括技术开发和技术应用两大环节。

技术创新既可以由企业单独完成，也可以由高校、科研院所和企业协同完成。但是，技术创新过程的完成，是以产品的市场成功为全部标志。因此，技术创新的过程，无论如何都是少不了企业参与的。具体到某个企业，企业选择何种方式进行技术创新，要视技术创新的外部环境、企业自身的实力等有关因素而定。从大企业来看，技术创新的要求具体表现为：企业要建立自己的技术开发中心，提高技术开发的能力和层次，营造技术开发成果有效利用的机制。从中小企业来看，主要是深化企业内部改革，建立承接技术开发成果并有效利用的机制。对政府而言，就是要努力营造技术开发成果有效转移和企业充分运用的社会氛围，确立企业在技术创新中的重要地位。至于提供技术开发成果的科研院所和高校，需要强化科技成果转化意识，加大技术开发成果面向市场的力度，使企业有可能获得更多的、有用的技术开发成果。

3. 管理创新

管理创新是指企业把新的管理要素（如新的管理方法、新的管理手段、新的管理模式等）或要素组合引入企业管理系统以更有效地实现组织目标的活动。管理创新是不同于一般的“创新”，其特点来自创新和管理两个方面。管理创新具有创造性、长期性、风险性、效益性和艰巨性。

创造性表现在以原有的管理思想、方法和理论为基础，充分结合实际工作环境与特点，积极地吸取外界的各种思想、知识和观念，在汲取合理内涵的同时，创造出新的管理思想、方法和理论。其重点在于突破原有的思维定势和框架，创造具有新属性的、增值的东西。

长期性表明管理创新是一项长期的、持续的、动态的工作。风险是无形的，对管理进行创新具有挑战性。管理创新并不总能获得成功。创新作为一种具有创造性的过程，包含着许多可变因素、不可知因素和不可控因素，这种不确定性使得创新必然存在许多风险。这也就是创新的代价所在。但是存在风险并不意味着要一味地冒险，去做无谓的牺牲，要理性地看待风险，要充分认识不确定因素，尽可能地规避风险，使成本付出最小化，成功概率最大化。

创新并不是为了创新而创新，而是为了更好地实现组织的目标，要取得效益和效率，因此管理创新具有效益性。通过技术创新提高产品技术含量，使其具有技术竞争优势，获取更高利润。通过管理创新，建立新的管理制度，形成新的组织模式，实现新的资源整合，从而建立起企业效益增长的长效机制。

管理创新因其综合性、前瞻性和深层性而颇为艰巨，表现出它的艰巨性。人们的观念、知识、经验等方面以及组织目标、组织结构、组织制度，关系到人的意识、权力、地位、管理方式和资源的重新配置，这必然会牵涉各个层面的利益，使得管理创新在设计与实施中遇到诸多“麻烦”。

4. 方法创新

方法创新主要是指企业经营方式的创新。当然，在现实经营管理活动中，这些概念有时很难进行严格的区分。企业经营方式创新，是指企业经营观念的根本转变以及与此相应的对企业运行方式的整体变革。资本经营、精益生产是当今企业经营方式创新中比较突出的方面。

资本经营亦称资产经营，是把企业所拥有的一切资产，包括有形资产和无形资产、流动资产和固定资产等，变为可以增值的活化资本，通过流动、裂变、组合、优化配置等各种方式进行有效运营，盘活存量资产，用好增量资产，以少量自有资本带动大量社会资本，实现资产的保值、增值。

精益生产是美国麻省理工学院国际汽车计划组织召集 14 个国家的专家、学者，花费 5 年时间，耗资 500 万美元，以汽车工业这一开创大批量生产方式和准时化生产方式(Just In Time,JIT)的典型工业为例，经过理论化后总结出来的，是对日本丰田 JIT 生产方式的赞誉称呼。精，即少而精，不投入多余的生产要素，只是在适当的时间生产必要数量的市场急需产品(或下道工序急需的产品)；益，即所有经营活动都要有益、有效，具有经济效益。精益生产是当前工业界最佳的一种生产组织体系和方式。精益生产的特点是消除一切浪费，追求精益求精和不断改善。去掉生产环节中一切无用的东西，每个工人及其岗位的安排原则是必须增值，撤除一切不增值的岗位。精简是它的核心。精简产品开发、设计、生产、管理中一切不产生附加值的工作，旨在以最优品质、最低成本和最高效率对市场需求做出最迅速的响应。

二、根据创新的程度分类

根据创新的程度,可以把创新分为根本型创新、适度型创新和渐进型创新三种类型。

1. 根本型创新

根本型创新是企业首次向市场引入的、能对经济产生重大影响的创新产品或技术,包括根本型产品创新与根本型工艺创新。根本型产品创新包括全新的产品或采用与原产品技术完全不同技术的产品;根本型工艺创新是指以全新的方式生产产品和提供服务。虽然大多数根本型创新仍应用于现行市场和顾客,但是它们会造成现有的技术和生产的核心能力过时。这类例子有真空管、机械式计算器、机械式打字机等,它们都被革命性的创新所推翻,引起市场发生巨变。根本型创新常常能主导一个产业,从而彻底改变竞争的性质和基础。由于它改变了产品的基本特征,因此决定了以后的竞争格局和技术创新格局。这类创新要求全新的技能、工艺,以及贯穿整个企业的新的系统组织方式。

根本型创新与科学上的重大发现相联系,创新过程往往要经历很长时间,并经受其他各种程度创新的不断充实和完善,同时它也会引发出大量的其他创新。根本型创新能以某种方式使某一老的产业重新成长,充满活力,也能以类似的方式创造新的产业,从而对经济产生较大的溢出效应和外部性。无论是产生新产业还是改造老产业,根本型创新都是引起产业结构变化的决定性力量。然而,对企业来说,并非所有的根本型创新都能产生深刻的竞争影响。有些根本型创新,由于创新者没能把握住竞争格局,结果给创新者带来了较大损失,反而使创新模仿者坐收渔利。

福斯特(R. Foster)的技术 S 型曲线可以用来识别根本型创新,描述根本型技术创新的起源和演变。S 型曲线中以研究/市场努力作为横轴,以技术绩效作为纵轴,研究研究/市场努力对技术绩效的影响。从图 1-1 可知,技术产品的绩效与研究/市场努力之间呈现出 S 型的移动轨迹,技术绩效随着研究/市场努力的投入变大而沿着 S 型曲线移动,直到遇到技术"瓶颈",研究/市场努力才会无效,从而导致回报的减少。一旦新的创新取代老的技术，就会产生新的S型曲线。

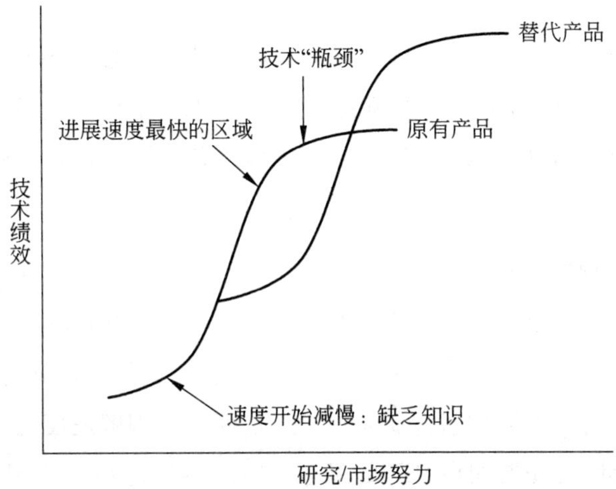

图1-1 技术市场S型曲线

福斯特对技术演变的过程进行了描述，"在研发项目的早期，需要进行知识积累，在缺乏知识的情况下，由于技术开发带来的绩效增长会很慢，但是随着技术的积累，技术进步将会飞速提高。但在经过一段时间后，技术的发展会开始受到技术'瓶颈'的限制，绩效提高的速度开始下降"。市场S型曲线就是用以描述这一过程。首先在市场形成初期，需要进行知识积累，必须明确规定并检验成长路径和与市场相关的所有问题。企业也同样需要调查并放弃一些无效的方法。支持新技术的新市场开始演变，新竞争者进入市场，采取新技术的新合作者和分销渠道出现，等等。因此，在知道市场如何运作之前，朝市场"瓶颈"进展的速度很慢。随后，当市场中存在大量竞争者和同类产品时，回报开始下降。

因此，根本型创新可以通过新技术和新市场的S型曲线的产生来识别。对根本型创新进行计划，需要了解如何战略性地计划全球市场的技术不连续性(中断)和市场不连续性。很多企业都不能改变驱动它们沿着特殊轨道演进的惯性力量，所以不可能根据宏观层面的变革计划重大的战略性变革。这并不是说敏捷创造性公司或缺乏活力的公司偶遇奇迹就不能带来根本型创新，但基于它们的性质，根本型创新会很少。

根本型创新的另一个检验是判断公司的内部营销和技术 S 型曲线是否受到影响。如果不能找到企业内技术和市场战略中断，那么产品创新就不可能是根本型的。S 型曲线上的一个微小的移动，是根本型创造性的必要但不充分条件，因为它同时也是适度型创新的一个标志。

2. 适度型创新

适度型创新是指“由公司的原有产品线组成，但产品并不是创新性的，即市场对于它并不陌生，它只是企业当前产品线上的新产品”。我们称这种适度创新产品为适度型创新。当前，绝大多数创新都属于适度型创新。要理解适度型创新，要理解什么是适度型创新设计，首先要明白“度”的概念。“度”的概念最早出现在古代的法家思想中，它提出了“不以规矩，无以成方圆”的思想，用法律规范来约束人们的行为，这个法律规范就是我们说的“度”，超过了这个“度”就要受惩罚。在宏观层面上，一个适度型产品将带来市场或技术的中断，但并不会同时带来两者的中断（如果两者同时发生，这将成为一种根本型创新；而如果两者都没发生，那将是一种渐进型创新）。从微观层面上，市场中断和技术中断的任何组合都会发生在企业中。适度型创新很容易识别，它的标准是在市场或技术宏观层面上发生中断，并且这个中断是轻微程度上的。它们能够演变成新的产品线，例如索尼的随身听，基于新技术扩张原有的产品线，例如佳能的激光打印机，或现有技术的新市场，例如早期的传真机。

通常情况下，“适度型创新”和“根本型创新”很容易混淆，但可以通过评估创新的技术和市场 S 型曲线来进行分类。一个适度的产品是指：①依赖于产业中从未使用过的技术；②引起了整个产业重大变革，或对产业重大变革有影响；③是该类产品的首创产品，对市场而言是新的。因此，我们可以根据根本型创新和适度型创新的定义，来区分这两种创新。

3. 渐进型创新

渐进型创新是指通过不断的、渐进的、连续的小创新，最后实现管理创新的目的。

比如,针对现有产品的元件做细微的改变,强化并补充现有产品设计的功能,至于产品架构及元件的连接则不做改变。日本的企业多采用这种渐进式管理创新策略,日本政府在公务员改革过程中也采用了这种策略,通过有计划地每年逐渐减少公务员数量的办法,加以编制法定化的配套措施,使日本的公务员改革取得了成功,值得我国在制订机构改革的方案时加以学习借鉴。“一项渐进型新产品涉及对现有或/和生产和传输系统的改善和提高。”渐进型创新只会在微观层面上影响市场或技术S型曲线,并不会带来巨大中断(巨大中断一般只有在根本型创新和适度型创新中才会出现)。“渐进型创新很重要,因为:首先,它可以作为技术成熟市场的有利竞争武器;其次,基于当前技术的流线型流程能够帮助组织迅速抓住企业进入新的技术高原过程中的威胁和机会”。所以对于很多企业来说,渐进型创新是组织的血液。

渐进型创新根据创新流程的循环本质进行演变。在概念化阶段,研发会运用现有技术来改善现有产品设计。在产品生命周期的成熟阶段,生产的扩张会带来渐进型创新。他们还指出,从其他产业“借来”的技术对现有市场而言也可能是适度的。如果这项技术没有使技术或市场S型曲线产生重大变化,或没有对这两条曲线产生微小变革,则这项借来的技术可以看作一项渐进型创新。

除此之外,从创新主体的视角出发,我们还习惯于把创新分为政府创新、企业创新、团体创新、大学创新、科研机构创新、个人创新等。根据创意的来源渠道,把创新分为封闭式创新与开放式创新等。

第三节　创新的模式

创新过程涉及因素较多,这些因素组合、配置方式及其结构上的差异构成了创新的不同模式。根据创新方法的不同,创新可分为自主创新模式、模仿创新模式和合作创新模式三种模式。

一、自主创新模式

自主创新模式是指创新主体以自身的研究开发为基础,实现科技成果的商品化、产业化和国际化，获取商业利益的创新活动。自主创新具有率先性，其核心技术来源于企业内部的技术积累和突破，如美国英特尔公司的计算机微处理器，我国北大方正的中文电子出版系统就是典型的例子，这是它区别于其他创新模式的本质特点。自主创新作为率先创新，具有一系列优点：一是有利于创新主体在一定时期内掌握和控制某项产品或工艺的核心技术，在一定程度上左右行业的发展，从而赢得竞争优势；二是在一些技术领域的自主创新往往能引发一系列的技术创新，带动一批新产品的诞生，推动新兴产业的发展，如美国杜邦公司通过在人造橡胶、化学纤维、塑料三大合成材料领域的自主创新，牢牢控制了世界化工原料市场；三是有利于创新企业更早积累生产技术和管理经验，获得产品成本和质量控制方面的经验；四是自主创新产品初期都处于完全独占性垄断地位，有利于企业较早建立原料供应网络和牢固的销售渠道，获得超额利润。

当然，自主创新模式也存在一些不足：一是需要巨额的投入，不仅要投巨资于研究与开发，还必须拥有实力雄厚的研发队伍，具备一流的研发水平，如微软公司一年的研发投入就相当于我国一年的科技经费；二是高风险性，自主研究开发的成功率相当低，在美国基础性研究的成功率仅为5%，在应用研究中有50%能获得技术上的成功，30%能获得商业上的成功，只有12%能给企业带来利润；三是时间长，不确定性大；四是市场开发难度大、资金投入多、时滞性强，市场开发投入收益较易被跟随者无偿占有；五是在一些法律不健全、知识产权保护不力的地区，自主创新成果有可能面临被侵犯的危险，"搭便车"现象难以避免。因此，自主创新模式主要适用于少数实力超群的大型跨国公司。

二、模仿创新模式

模仿创新模式是指创新主体通过学习模仿率先者创新的方法，引进、购买或破译率先创新者的核心技术和技术秘密，并以其为基础进行改进的做法。模仿创新是各国企业普遍采用的创新模式，日本是模仿创新最成功的典范，日本松下公司、三洋电机等都依靠模仿创新取得了巨大成功。纵观世界各国，当今市场领袖大多并非原来的率先创新者，而更多的恰恰是模仿创新者，模仿创新并非简单抄袭，而是站在他人肩膀上，投入一定研发资源，进行进一步的完善和开发，特别是工艺和市场化研究开发。因此模仿创新往往具有低投入、低风险、市场适应性强的特点，其在产品成本和性能上也具有更强的市场竞争力，成功率更高，耗时更短。

模仿创新模式的主要缺点是被动性，在技术开发方面缺乏超前性。当新的自主创新高潮到来时，就会处于非常不利的地位，如日本企业在信息技术革命中就处于从属地位。另外，模仿创新住往还会受到率先创新者技术壁垒、市场壁垒的制约，有时还面临法律、制度方面的障碍，如专利保护制度就被率先创新者利用作为阻碍模仿创新的手段。

三、合作创新模式

合作创新模式是指企业间或企业与科研机构、高等院校之间联合开展创新的做法。合作创新一般集中在新兴技术和高级技术领域，以合作为主进行研究开发。由于全球技术创新的加快和技术竞争的日趋激烈，企业技术问题的复杂性、综合性和系统性日益突出，依靠单个企业的力量越来越困难。因此，在企业技术创新资源不足的情况下，以合作创新来提升自主创新能力更具有重要的现实意义。合作创新一般集中在新兴技术和高新技术产业，以合作进行 R&D(research and development，研究与开发)为主要形式。合作创新通常以合作伙伴的共同利益为基础，以资源共享或优势互补为前提，有明确的合作目标、合作期限和合作规则。合作各方在技术创新的全过程或某些环节共同投入，共同参与，共享成果，共担风险。

合作创新具有以下优点：一是合作创新能节约企业在创新过程中获取研发成果的费用。合作创新同时发生研发费用和交易费用，但能实现合作者对研发资源的整合和信息的有效沟通，保证获取研发成果的总体费用降低。二是合作创新能实现创新资源的互补和共享。很多企业拥有的创新资源不能满足投入的要求，通过实施合作创新可实现企业自身与其他组织的技术创新资源互补和共享，必然能使新开发的技术成果超越企业依靠自身力量能够达到的水平，将企业的技术水平推向一个新的高度。三是合作创新是企业获得技术能力的重要途径。通过建立合作创新组织，企业可以利用大学或科研机构的研发设备和人员，并通过研发活动实现对技术能力的获取、传递和整合，使企业能够得到能力发展和组织学习的机会，实现合作创新组织内部知识的传递与整合，为企业提供知识创新和传递的平台与机制。四是合作创新可以提高企业新技术进入市场的速度。知识的快速贬值、技术的迅速发展以及现代技术的高度复杂性和整合性使产品的生命周期不断缩短，产品不断向高级化、复杂化方向发展，单个企业的经营资源已不足以保证企业在飞速发展的时代继续生存和发展，要求企业能够跟踪外部技术的发展，并有能力充分利用和整合这些新技术为己所用。而技术创新具有高成本、高风险的特点，企业一般很难胜任独立开发的使命，只有开展合作创新，才能加快技术研究与产品的市场化进程。合作创新模式的局限性在于企业不能独占创新成果，获取绝对垄断优势。同时，在进行合作创新时，还需注意合作创新组织要有明确的目标，合作创新组织成员必须有自己的专长，成员之间必须能有效地进行沟通，并建立完善的合作创新信息交流网。

以上三种创新模式各有优缺点，采用这些模式也需要有不同的条件和要求。自主创新要求创新主体有强大的经济实力、雄厚的研发力量和大量的成果积累，在技术上具有领先优势，起点和要求较高；相对来说，模仿创新和合作创新起点与要求较低。因此，自主创新模式更多地为少数发达国家和大型跨国公司所采用；而模仿创新模式则是后进国家实现快速创新、缩小与发达国家差距的一种有效途径，是发展中国家较为现实的选择。日本、韩国就是靠模仿创新发展起来的，实践证明经济发展较为成功的其他新兴工业化国家、地区也是通过这种模式发展起来的。当然，上述三种模式也不是完全排斥的，而是可以互相结合的。首先，具有不同实力和研发水平的企业可以根据自身情况选择适宜的创新模式，少数有实力的大企业可以在某些有优势的领域选择自主创新，而大多数中小企业则适宜选择模仿创新和合作创新模式。其次，从时间上看，模仿创新往往是自主创新必经的过渡阶段，一个新建企业只有通过模仿创新才能逐步积累自己的技术、资金实力、管理经验和人才队伍，为进行自主创新创造条件。最后，即使是一些大型跨国公司，在其不同发展阶段和不同产品、不同技术领域，也可以同时分别采取这三种不同的模式，从而做到扬长避短，改善创新效果。

章末小结

(1) 创新是指以现有的思维模式提出有别于常规或常人思路的见解为导向，利用现有的知识和物质，在特定的环境中，本着理想化需要或为满足社会需求，而改进或创造新的事物、方法、元素、路径、环境，并能获得一定效益的行为。具体来说，创新包括哲学内涵、社会学内涵和经济学内涵。

(2) 创新是突破性的实践活动，它不是一般的重复劳动，更不是对原有内容的简单修补，它具有五个特征：一是目的性。任何创新活动都有一定的目的，这个特性贯穿于创新过程的始终。二是变革性。创新是对已有事物的改革和革新，是一种深刻的变革。三是新颖性。创新是对现有的不合理事物的扬弃，革除过时的内容，确立新事物。四是超前性。创新以求新为灵魂，具有超前性。五是价值性。创新有明显、具体的价值，对经济社会具有一定的效益。

(3) 根据创新的表现形式将创新分为知识创新、技术创新、管理创新和方法创新四大类。而根据创新的程度，可以把创新分为根本型创新、适度型创新和渐进型创新三种类型。自主创新模式是指创新主体以自身的研究开发为基础，实现科技成果的商品化、产业化和国际化，获取商业利益的创新活动。模仿创新模式是指创新主体通过学习模仿率先创新者的方法，引进、购买或破译率先创新者的核心技术和技术秘密，并以其为基础进行改进的做法。合作创新模式是指企业间或企业与科研机构、高等院校之间联合开展创新的做法。

参考文献

[1] Bowden E M, Jung-Beeman M Z. Methods for investigating the neural components of insight [J]. Methods, 2007, 42(1): 87-99.

[2] Fink A, Benedek M, Grabner R H, Staudt B, Neubauer A C. Creativity meets neuroscience: Experimental tasks for the neuroscientific study of creative thinking [J]. Methods, 2007, 42(1): 68-76.

[3] [美]布莱克斯利. 右脑与创造[M]. 傅世侠,夏佩玉,译. 北京: 北京大学出版社, 1992.

[4] [英] 珀威茨·K.阿曼德, 查尔斯·D.谢泼德. 创新管理——情境、战略、系统和流程[M]. 陈劲,等译. 北京: 北京大学出版社, 2014.

[5] [英]玫·笛德,约翰·本珊特, 基思·帕维特. 管理创新——技术变革、市场变革和组织变革的整合[M]. 王跃红,李伟立,译. 北京: 清华大学出版社, 2008.

[6] 陈劲, 黄淑芳. 企业技术创新体系演化研究[J]. 管理工程学报, 2014(4): 219-227.

[7] 陈劲,阳银娟. 管理的本质以及管理研究的评价[J]. 管理学报,2012,02: 172-178.

[8] 陈劲,郑刚. 创新管理——赢得持续竞争优势[M]. 北京: 北京大学出版社, 2009.

[9] 陈劲. 技术创新的系统观与系统框架[J]. 管理科学学报,1999,03: 66-73.

[10] 孔庆新,孔宪毅. 试论创造性思维的定义、特点、分类、规律[J]. 科学技术与辩证法, 2008(2): 25-31,111-112.

[11] 缪晨. 300 个创新小故事[M]. 上海: 学林出版社, 2007.

[12] 宋刚, 唐蔷, 陈锐, 纪阳. 复杂性科学视野下的科技创新[J]. 科学对社会的影响, 2008(2): 28-33.

[13] 宋刚, 张楠. 创新 2.0: 知识社会环境下的创新民主化[J]. 中国软科学, 2009(10): 60-66.

[14] 托尼·达维拉,等. 创新之道——持续创造力造就持久成长力[M]. 刘勃,译. 北京: 中国人民大学出版社, 2007.

[15] 王方瑞,陈劲. 技术变革与创新: 一个演化经济学视角的文献述评[J]. 演化与创新经济学评论,2010,01: 47-83.

[16] 王黎萤,陈劲. 国内外团队创造力研究述评[J]. 研究与发展管理,2010,04: 62-68.

第二章

创新思维与创新管理

学习目标：识记创新思维与创新管理的定义；区别创新管理与管理创新；掌握创新思维与创新管理的内在联系；运用理论知识指导创新实践。

第一节　创新思维

一、创新思维的定义

思考 2-1

我们先来看一些有趣的运算，你不妨测试一下你的创新思维能力。

1＋1＝1　2＋1＝1　3＋4＝1

4＋9＝1　5＋7＝1　6＋18＝1

怎么会这样呢？它们完全不符合运算原则！你可能会说。其实，如果你的思维敢于发散，那么，只要给这些数字加上适当的单位名称，其结果就可以成立：

1(里)＋1(里)＝1(公里)；

2(月)＋1(月)＝1(季度)；

3(天)＋4(天)＝1(星期)；

4(点)＋9(点)＝1(点)(即下午1点)；

5(月)＋7(月)＝1(年)；

6(小时)＋18(小时)＝1(天)

当我们进行创造性想象时，往往需要天马行空、不受拘束的思考方式。通过开阔的思路、充实的知识储备和张扬的想象力，我们才有可能在问题面前柳暗花明，从不寻常中找到解决问题的方法和途径。

什么是思维？思维是人脑对客观现实概括的和间接的反映，它反映的是事物的本质和事物间规律性的联系。思维的概括性反映表现在它对一类事物非本质属性的摒弃和对其共同本质特征的反映。思维的间接性反映是指通过其他媒介作用认识客观事物，并借助于已有的知识和经验、已知的条件推测未知事物的过程。因此，思维是以感知为基础又超越感知界限的对现实的一种反映，其目的在于探索与发现事物内部或事物之间的本质联系和规律性，是认识过程的高级阶段。

英国剑桥大学认知基金会主席波诺(E. D. Bono)根据思考的出发点，将思维活动的方式分为垂直思考法和水平思考法。垂直思考法，又称习常性思维，是从固定的前提出发，遵照思考者惯常的推理定式，一直往下推衍，直至获得结论的方法。水平思考法则无固定的推理前提，思考者从原有的观点出发，推不出所期望的结论时，便尝试以其他观点为推理前提，探寻认识事物、解决问题的新途径、新角度。这种以变换观点、变换前提为特征的思维就是创新性思维。也有人根据生理结构把人类思维划分为左脑思考法和右脑思考法，认为左脑的功能主要在于语言性的逻辑思考、推理能力；右脑的功能则主要在于语言性的直觉、创造想象力等。这样，习常性思维又可称为左脑思维，创新性思维又可称为右脑思维。

事实上，习常性和创新性是人类思维的两个基本属性。习常性思维是指有既定方法可借鉴、利用，存在确定规则可遵循的日常思维。创新性思维是指无有效方法可供直接利用，不存在确定规则可遵循的思维。两种思维既有差异性又有共性。差异性体现在：①两者性质不同。习常性思维是常规性思维，追求确定规则、方法、进程；创新性思维是开拓性思维，追求独到新颖性。②两者思维形态不同。习常性思维是平稳不息的思维，创新性思维是时断时续的思维。然而，创新性思维与习常性思维又有着密切联系。①它们是同一思维的两个侧面，不可分离。②两者互为前提，习常性思维是创新性思维的基础，创新性思维是习常性思维的升华。在现实生活中，人类的大量思维活动多属于习常性思维，创新性思维是对习常性思维的突破，没有持之以恒的习常性思维，就不会产生创新性思维。③两者相互渗透，创新性思维往往渗透于习常性思维活动中，而创新性思维过程也离不开习常性思维，如逻辑推导。

此外，创新思维还有广义和狭义之分。广义的创新思维是经常可见的、面广量大的思维，常见于人们日常的思维活动中。只要对确定的规则有所突破、对已有的思路有所更新、对以往的方法有所改善，都可称作某种意义上的创新。诸如技术上的革新、工作思路的改善、产品的完善、学习和工作方法的改进，以及种种新观念、新点子、新想法的提出等。其特征或是“二度创造”，或是对某个体具有新颖性。狭义的创新思维以优见长，属高级、尖端的思维活动，是创新思维中的精华。其特征或是“前所未有”，或是具有重大社会价值和社会影响。广义的创新思维与大多数人有缘，可以说，每个正常的人，都或多或少地具有程度不同的创新思维能力，狭义的创新思维则为少数人具有。

二、创新思维的基本特征

创新思维的本质在于“新”，离开“新”，就谈不上创造力，当然也就无所谓创新思维。同其他思维类型相比，创新思维以“奇”“异”制胜，是人类智慧的集中体现。求异性、整体性、灵活性是创新思维的基本特征。

求异性体现在与其他常规思维活动形式所不同的独到的创新意义。也就是说，它表现为无论是思考问题的方式、方法，还是思维活动的结果等方面，都与传统思维活动有着不同的新颖之处。这个特征贯穿于创新思维活动的始终，并为众多论者所认同。

整体性具体表现在创新思维结构的层次性，包括脑生理结构、心理结构、构成要素结构、能力结构与形式结构。脑生理结构是创新思维赖以发生的基础结构，如果没有正常健全的人脑生理结构，是不可能形成人的思维运动的，更不用说高级的创新思维活动形式了。心理结构同样是创新思维赖以生存的前提和基础结构。创新思维作为人的最具有自觉能动性的高级复杂活动，并不是一种简单的、片面的、孤立的思维活动形式，而是建立在心理结构运动基础之上，又高于这种心理运动的特殊活动过程。构成要素结构是建立在良好生理活动和心理活动基础之上的创新思维活动的基石。创新思维由思维问题、思维观念、知识、语言、思维成果等基本要素构成，这些思维要素在思维能力的驱动下,遵循某种特殊的运动方式而相互联结、相互作用、协同建构,从而形成创新思维的功能运动。思维要素结构是创新思维结构的核心层次,是形成创新思维价值成果的直接生长层或思维"土壤"。能力结构则属于驱动、调控思维诸要素活动的动态结构层次,反映了创新思维的内在动力。形式结构是创新思维活动结构的直观表层,反映创新思维诸要素在其内在的思维能力的运作支配下而形成的运动表现状态。

灵活性体现在创新思维作为一种能动活动绝不是静止的,而且相对于传统思维活动来讲,创新思维不是僵化封闭的,而是处在不断地运动变化状态中的。具体而言,创新思维的灵活性主要体现在:一是能及时变换思维的角度和方位,如举一反三、触类旁通,从一个思路或方向变通到另一个思路或方向,从而形成多视角、多方位的思维活动态势;二是能及时抛弃一些旧的思维观念和旧的思维方式,转向新的思维方式、新的思维观念,调整思维活动趋向;三是能主动抛弃一些无效的思维方法和无效的思维材料,而运用新的思维方式、新的思维材料。

第二节 创新管理

一、创新管理的定义

创新管理是以创新活动为管理对象,通过计划、组织、领导、控制等管理职能,确保整个组织创新活动得以实现的过程。具体可以从以下几个方面来理解创新管理的定义。

1. 创新管理的对象是创新活动的全过程

创新管理通过对创新整个过程的管理行为,促使创新活动的顺利实施。一般而言,创新过程包括发现问题、提供创意、实施反馈三个阶段。

要想进行创新,首先要能够发现问题。发现并提出正确的问题比解决问题更重要。"发现问题"需要感知和认知能力,还需要确定的创新思想和目的。如何才能发现问题呢？一般是从当前的各种产品、生产方式、生活方式中发现存在的问题，从人的行为需要发现新的概念产品。发现问题是创新过程的实际开端，发现问题是创新过程的灵魂。善于发现问题并确立相应课题的强烈的怀疑精神、批判精神和敏锐的经验直觉、理论直觉是创新过程中必不可少的一部分。古往今来，芸芸众生，真正做出重大创造性贡献的人凤毛麟角，其中一个重要原因就是普通人往往缺乏发现问题的能力。

发现问题后，就要提出创意来解决这个问题，而创意的产生必须基于高度的创新敏感。首先要养成在学习和实践中用寻觅与审视的眼光看问题的习惯。有意的搜寻比无意的浏览更容易发现问题是显而易见的。在搜寻过程中要注意消除思维的盲区和禁区，克服各种扼杀创造性意念的心理障碍。创新往往是从质疑开始的，没有经过缜密思考的东西，即使它是公认的成熟理论也不能无条件接受。在科学史上已经有许多曾被认为是匪夷所思的观点打破了经典理论的一统天下而赢得生存权利，比较著名的有大地球形说、日心说、生物进化论、大陆漂移说、相对论、非欧几何等，甚至数学公理和形式逻辑规则也被证明是具有相对性的。

所有创新思维的心理障碍都有一个共同特点，就是把某种东西有意无意地神圣化、绝对化，如把传统观念、既有理论、权威见解、流行观点、自身经验、思维程式、直观感觉、事实材料等看作绝对可以信赖的，从而无法产生与之相左的创造性意念或在产生与之相左的创造性意念后又将其扼杀掉。如何对待已有知识，应当采取辩证态度，善于批判性地继承。首先在前人的引领下用最快的速度到达前沿，然后在此基础上既充分尊重前人积累的知识成果，以此作为前进道路上的指示牌，同时又保持清醒头脑，不把已有成果看作绝对不可突破的金科玉律。总之，只有正确处理继承与创新的辩证关系，才能形成科学意义上的创新敏感。

同时，要培养高度的创新敏感，还要在学习和实践中造就敏锐的直觉。所谓直觉就是直接洞察事物本质的能力。它不是显意识领域的自觉推理，而是潜意识领域中快速进行的浓缩兼并的自发推理。直觉不是凭空产生的，而是建立在一定的经验基础和理论基础上的。一个孤陋寡闻、闭目塞听的人不会有什么真正的直觉。直觉是在一定经验和理论的指导下对事物本质的一种猜测，虽然不一定准确，但却有极重要的价值，它指出一种成功的可能性较大的方向，有直觉指引的探索的效率比盲目探索要高得多。

实施反馈阶段是创新过程的核心，在这个阶段中的投入要素是明晰的战略概念和实现这种概念的初步思想，而产出要素是已开发出来的创新和有准备的市场(内部和外部)，为将新产品最终推向市场做好准备。其中实施相应措施是推进项目落实、获取创新成效的保障。措施要注意节奏性，把握阶段落实的重点和重点活动落实的时序与环节。同时要注意针对性，要着眼于关键部位和重要时段，体现重点重抓、重点突破；针对具体责任部门、责任人，开展相应的协调、促进、支持等工作。长效性和连续性也是重点，要善于做好工作的统筹。要针对创新项目实施过程中可能出现的关键问题，制订相对具体、完备的推进措施。

2. 创新管理的目的在于对组织的创新活动与行为进行有效管理，确保创新活动转化为实际的经济效益

市场经济发展迅速，企业在市场经济的大潮中如逆水行舟，不进则退。企业之间的竞争日趋激烈。市场经济的法则是优胜劣汰。企业在竞争中要想占据优势地位，出路只有一条，那就是提升管理水平，实现管理创新。企业必须尽快创新自身的管理体制，适应现代企业管理制度的要求，才能在竞争中站稳脚跟，在竞争中求得发展。创新是一种理念，更是企业生存发展的内在要求。只有通过管理创新才能使企业的管理体制和运行机制更加规范合理，实现人、财、物等资源的有效配置。着眼企业的管理体制和运行机制，给企业插上腾飞的翅膀。

3. 创新管理的职能要素包括计划、组织、领导、控制等

创新管理本质上是一种管理活动，具有与基本管理活动相同的职能要素。

计划职能是指管理者对将要实现的创新目标和应采取的行动方案做出选择及具体安排的活动过程，简言之，就是预测未来并制订创新行动方案。其主要内容涉及：分析内外环境、确定组织创新目标、制定组织发展战略、提出实现既定目标和战略的策略与作业计划、规定组织的决策程序等。任何组织的管理创新活动都是从计划出

发的，因此，计划职能是创新管理的首要职能。

组织职能是指管理者根据既定的创新目标，对组织中的各种要素及人们之间的相互关系进行合理安排的过程。简言之，就是建立组织的物质结构和社会结构。其主要内容包括：设计组织结构、建立管理体制、分配权力、明确责任、配置资源、构建有效的信息沟通网络等。

领导职能是指管理者为了实现组织创新目标而对被管理者施加影响的过程。管理者在执行领导职能时，一方面要调动组织成员的潜能，使之在实现组织目标过程中发挥应有的创新作用；另一方面要促进组织成员之间的团结协作，使组织中的所有活动和努力统一和谐，包括激励下属、对他们的活动进行指导、选择最有效的沟通渠道解决组织成员之间以及组织与其他组织之间的冲突等。

在执行计划的过程中，由于环境的变化及其影响，可能导致人们的活动或行为与组织的要求或期望不一致而出现偏差。为了保证组织工作能够按照既定的计划进行，管理者必须对组织绩效进行监控，并将实际工作绩效与预先设定的标准进行比较。如果出现了超出一定限度的偏差，则需及时采取纠正措施，以保证组织工作在正确的轨道上运行，确保组织目标的实现。管理者运用事先确定的标准，衡量实际工作绩效，寻找偏差及其产生的原因，并采取措施予以纠正的过程，就是执行管理的控制职能的过程。简言之，控制就是保证组织的一切活动符合预先制订的计划。

二、创新管理与管理创新

管理是指在一定的环境和条件下，管理主体为了达到一定的目的，运用一定的管理职能和手段，对管理客体施加影响和进行控制的过程。而管理创新是管理活动的一个显著特征。管理创新是对管理理论、模式、方法等管理活动进行创新的过程，是指创造一种新的更有效的资源整合模式，它既可以是新的有效整合资源以达到企业目标和责任的全过程式管理，也可以是新的具体资源整合及目标制订等方面的细节管理。本质上，管理创新是发生在管理领域中的创新活动，是创新活动的一种，主要包括以下几个方面：

1. 管理理念的创新

管理理念是指管理者或管理组织在一定的哲学思想支配下，由现实条件决定的经营管理的感性知识和理性知识构成的综合体。特定的管理理念体现或折射在管理的各种活动中，并且还制约着企业的经营战略及其实现方式。在管理理念方面的创新是管理创新的方式之一。自 20 世纪 80 年代以来，西方优秀企业家提出了许多新的思想与管理观念。例如，知识增值观念、全球经济一体化观念、持续学习观念、战略管理观念、知识管理观念等，极大地丰富与补充了现代管理思想。

2. 管理目标的创新

企业是在一定社会环境中从事经营管理和经济活动的，特定的环境要求企业按照特定的方式提供特定的产品或服务。一旦环境发生变化，便要求企业对自身的经营方向、管理目标以及企业在经营过程中同其他社会经济组织的关系进行调整。因此，企业等社会组织根据外部环境和内部条件的变化及时地对原定目标加以调整，已成为非常必要的创新活动，是管理创新的重要内容。

3. 管理制度的创新

管理制度是受企业制度即企业财产制度决定的一整套管理行为规范，包括企业领导制度、经济责任制及内部管理制度。在信息社会中，市场信息复杂多变，人类知识日益膨胀。企业要根据管理的基本原则，结合企业自身的特点，对企业原有的一些内部制度进行创新，以适应企业在信息多变的环境中生存发展的需求。

4. 组织结构的创新

组织结构是指各管理部门之间，特别是不同层次的管理部门之间的关系形态，它涉及诸如组织的设计、职权分配、分权化程度和职务层次等内容。发达国家的现代企业为对付日益多变的环境和市场需求，纷纷着手企业管理组织结构的重新设计与构造。

创新管理是对创新活动进行管理的具体实践，起点于创新，落脚于管理，与管理创新具有本质差别。主要表现在创新管理是一种管理行为，而管理创新是一种创新行为。创新管理是组织通过计划、组织、领导、控制等管理职能对创新活动进行管理的过程，其目的在于保障创新活动的实现；而管理创新则是指对组织现有的管理理念、管理方法、组织结构等进行创新的一种行为，旨在形成新的管理理念、方法、思路、结构等。两者在本质上存在差别，前者注重"管理"，后者强调"创新"，是不同的范畴。

第三节　创新思维与创新管理的比较

一、创新思维与创新管理的关系

创新思维培养是组织进行创新管理的前提，创新管理是创新思维得以实现的保障，两者以创新为纽带，相互影响。

一方面，创新思维与创新管理的最终目标都是创新活动的顺利实施。培养创新思维的目标在于创新实践，为组织的发展提供新方法、新思路，解决组织的具体问题，提升组织的竞争力。但创新能力并不是与生俱来的，需要后天的训练与培养，其关键就在于创新思维的培养。思维是人脑对客观事物所进行的概括和间接的反映，不是天生的和一成不变的，而是在实践中逐步形成的，可以通过有效途径培养和提高。通过大量的训练与实践，逐渐形成创新思维，这样再面对用传统方法难以解决的问题时，创新思维才可以有效地帮助组织从新的角度、根据新的思路、运用新的方法来解决问题。可见，创新思维是形成创新活动的前提保障。同时，创新管理的目标也是保障创新活动的实现，两者目标一致。

另一方面，创新管理是通过计划、组织、领导、控制等管理职能，对创新活动全过程进行管理的行为。也就是说，创新管理是通过管理手段，对从创意产生到创新实现的整个过程进行管理的活动。从这个意义上来说，创新思维的培养也是创新管理的重要内容。具体而言，一项具体的创新活动包括创新思维的培养、具体创意的提出、创新的执行、最终的反馈与总结四个阶段。只有形成创新思维，才能更好地提出创意，为了保证创意得以实现，对组织的整个创新过程进行管理尤为重要。

二、创新管理的内容

创新管理实质上是运用管理手段对创新活动进行有效管理的行为。基于此，根据创新管理的计划、组织、领导、控制四大职能，同时将创新思维作为创新管理的重要内容，将创新管理主要分为以下几大内容。

1. 培养组织的创新思维

创新管理的主要目标在于实现创新，这就包括两部分内容：一是确保创意的提出，也就是要引导组织重视与培养员工的创新意识和创新思维，保证创意的来源；二是确保创新的实施，有了创意只是成功了一半，如何保证创新活动能够顺利实施，转化为经济利益实现价值，是创新管理的另一部分工作。因此，培养组织的创新思维是创新管理的重要内容之一。

2. 制定组织的创新战略

创新管理战略目标的制订是管理计划职能的重要内容。创新管理战略制定的核心问题是重新确定企业创新活动的目标。企业确定的目标会决定企业如何确定自己的顾客、竞争对手、竞争实力，也会决定企业对关键性成功因素的看法，并最终决定企业的竞争策略。成功的战略创新者会采用与所有竞争对手完全不同的竞争策略和经营目标。

3. 建设创新型组织

创新管理职能部门的建设是管理组织职能的重要内容。团队建设一直被认为是一种组织发展的干预手段，其目标是帮助工作单位适应环境的变化，满足群体成员需求，顺利高效地完成群体任务。建立专门的创新管理部门，对有效实现创新管理活动具有重要的作用。

4. 沟通

创新管理团队的沟通是管理领导职能的重要内容。沟通的行为和过程在团队建设中相当重要。世界上所有的管理工作都是借助于沟通才得以顺利进行，沟通是实施各项管理职能的主要方式、方法、手段和途径。沟通不仅存在于横向的管理活动的全部过程,更存在于纵向的管理活动的各个层次。可以说,沟通是管理的核心和灵魂。没有沟通,就没有管理上的创新,就没有良好的人际关系;没有沟通,管理就是空中楼阁,是呆板和迟疑的过程。显然,沟通是维持团队良好的状态、保证团队正常运行的关键过程与行为。

5. 创新绩效的评估

创新管理的绩效评估是管理控制职能的重要内容。创新的效果如何,评估非常关键,评估恰当,有利于激励创新的良性发展。建立创新的绩效评估体系有利于创新决策合理化,有利于降低创新风险,有利于正确度量创新的实施效果,对激励企业进行创新活动具有重要意义。

案例 案例 2-1

宝洁公司的联系和发展

宝洁公司每年都会花大约 20 亿美元,雇用 7000 余名员工进行研究并为他们的事业提供支持,但是最近,他们开始用"联系和发展"这一说法代替原来的"研究和发展"一说,而且他们还雄心勃勃地、广泛地收集信息,然后将其运用于公司的发展。在他们即将利用起来的 150 个核心技术区中,会有超过 150 万的研究人员,而这些研究人员都不是宝洁的员工。在全球的大环境中找到合适的方式,是成功实施战略转变的关键因素。

为了达到这个目标,他们用了许多种联系方式,充分利用因特网的资源,雇用一些人做因特网的"看门人",随时收集新的信息。这些人运用先进的搜索方式和可视化的工具,挖掘有用的信息,这些信息涉及的范围极广,包括技术、市场竞争对手行为、社会和政策趋势等,然后把这些信息带给宝洁公司的内部人员,这些人可能需要用这些信息来发现新的创新点。

这个收集信息的过程最后完成,还有另外一些联系的途径,例如利用因特网的业务(NineSigma. com),使客户组织可以把优秀的方案提供者联系起来。这样客户组织可以把组织外部的创新观念、技术产品和服务快速且低成本地吸纳到组织内部,他们还和另一个网站 InnoCentive. com 有合作关系,这个网站能够提供在线市场,在这里组织找到的问题解决方案会和科学家及工程师的建议一并提供给客户。

即使如此,仍不能忽视另一件事,那就是组织内部的智慧所做的贡献。公司有一大批优秀的员工和组织,他们对产品技术和市场等有独特而专业的认知,而且他们可以通过公司内部的局域网更加有效地利用这些知识。最近有一个新的项目叫 Encore,核心的思想大致是公司退休的员工,很可能会是其他公司未来的员工,可以被当作一种更广泛的创新资源。

在这一切的背后有一点,那就是重点的转变——不放弃内部的研发,但同时利用更广泛的外部资源来充实公司的资源库,他们越来越觉得他们的任务不仅仅是运用一些实用技能,还有就是要知道技能背后的东西。

章末小结

(1) 求异性、整体性、灵活性是创新思维的基本特征。求异性体现在与其他常规思维活动形式所不同的独到的创新意义;整体性具体表现在创新思维结构的层次性;灵活性体现在创新思维作为一种能动活动绝不是静止的,而且相对于传统思维活动来讲,创新思维也不是僵化封闭的,而是处在不断地运动变化状态中的。

(2) 创新管理是以创新活动为管理对象,通过计划、组织、领导、控制等管理职能,确保整个组织创新活动得以实现的过程。一般而言,创新过程包括发现问题、提供创意、实施反馈三个阶段。

(3) 创新思维培养是组织进行创新管理的前提,创新管理是创新思维得以实现的保障,两者以创新为纽带,相互影响。一方面,创新思维与创新管理的最终目标都是创新活动的顺利实施;另一方面,创新管理是通过计划、组织、领导、控制等管理职能,对创新活动全过程进行管理的行为。

参考文献

[1] Bowden E M, Jung-Beeman MZ. Methods for investigating the neural components of insight [J]. Methods, 2007, 42(1): 87-99.

[2] Fink A, Benedek M, Grabner R H, Staudt B, Neubauer A C. Creativity meets neuroscience: Experimental tasks for the neuroscientific study of creative thinking [J]. Methods, 2007, 42 (1): 68-76.

[3] [美]布莱克斯利.右脑与创造[M].傅世侠,夏佩玉,译.北京:北京大学出版社,1992.

[4] [英]珀威茨·K.阿曼德,查尔斯·D.谢泼德.创新管理——情境、战略、系统和流程[M].陈劲,等译.北京:北京大学出版社,2014.

[5] [英]爱德华·德博诺.创新思维训练游戏[M].钟玲,译.北京:中信出版社,2009.

[6] [英]玫·笛德,约翰·本珊特,基思·帕维特.管理创新——技术变革、市场变革和组织变革的整合[M].王跃红,李伟立,译.北京:清华大学出版社,2008.

[7] 陈劲,黄淑芳.企业技术创新体系演化研究[J].管理工程学报,2014(4):219-227.

[8] 陈劲,阳银娟.管理的本质以及管理研究的评价[J].管理学报,2012,02:172-178.

[9] 陈劲,郑刚.创新管理——赢得持续竞争优势[M].北京:北京大学出版社,2009.

[10] 陈劲.技术创新的系统观与系统框架[J].管理科学学报,1999,03:66-73.

[11] 迟维东.逻辑方法与创新思维[M].北京:中央编译出版社,2005.

[12] 贺善侃.创新思维概论[M].上海:东华大学出版社,2011.

[13] 孔庆新,孔宪毅.试论创造性思维的定义、特点、分类、规律[J].科学技术与辩证法,2008(2):25-31,111-112.

[14] 刘春雷,王敏,张庆林.创造性思维的脑机制[J].心理科展,2009(1):106-111.

[15] 刘卫平.创新思维[M].杭州:浙江人民出版社,1999.

[16] 缪晨.300个创新小故事[M].上海:学林出版社,2007.

[17] 宋刚,唐蔷,陈锐,纪阳.复杂性科学视野下的科技创新[J].科学对社会的影响,2008(2):28-33.

[18] 宋刚,张楠.创新2.0:知识社会环境下的创新民主化[J].中国软科学,2009(10):60-66.

[19] 托尼·达维拉,等. 创新之道——持续创造力造就持久成长力[M]. 刘勃,译. 北京:中国人民大学出版社,2007.

[20] 王方瑞,陈劲.技术变革与创新:一个演化经济学视角的文献述评[J].演化与创新经济学评论,2010,01:47-83.

[21] 王黎萤,陈劲.国内外团队创造力研究述评[J].研究与发展管理,2010,04:62-68.

[22] 王跃新. 创新思维学[M]. 长春:吉林人民出版社,2010.

[23] 许庆瑞,郑刚,陈劲.全面创新管理:创新管理新范式初探——理论溯源与框架[J].管理学报,2006,02:135-142.

[24] 张丽华,白学军. 创造性思维研究概述[J]. 教育科学,2006(5):86-89.

第三章 打破常规思维

学习目标：理解思维定势的含义、类型；理解偏见的含义、类型；掌握破除思维定势、偏见的方法；了解创新思维的主要方式。

第一节　思维定势与偏见

创新思维不同于常规思维，强调“新”，包括新的思路、新的方法、新的技术等。如何才能培养创新思维？首先就需要打破常规思维的束缚。常规思维是指存在确定规则可遵循的日常思维，主要表现为思维定势，或对事物存在偏见。

一、思维定势

思维定势，也称为“惯性思维”，原是心理学概念，最早由德国心理学家缪勒(G. E. Muller)于1889年提出，是指思维主体在思维活动中形成的一种稳定性的倾向或习惯性的思维方式。思维定势的形成通常与社会环境、文化传统和个人的生活经历、个人偏好有很大的关系。而习惯化一旦形成，就很难改变，会以极大的惯性约束和规范我们的思维，形成条条框框。

思维定势对于问题解决具有极其重要的意义。在问题解决活动中，思维定势可以帮助人们根据面临的问题迅速联想起已经解决的类似的问题，将新问题的特征与旧问题的特征进行比较，抓住新旧问题的共同特征，将已有的知识和经验与当前问题情境建立联系，利用处理过类似的旧问题的知识和经验处理新问题，或把新问题转化成一个已解决的熟悉的问题，从而为新问题的解决做好积极的心理准备。因此，在环境不变的条件下，思维定势可以提高思维活动的便捷性、敏捷性，提升思维效率，帮助人们运用已掌握的方法迅速解决问题。在日常生活中，思维定势可以帮助我们解决每天碰到的90%以上的问题。思维定势对问题解决既有积极的一面，也有消极的一面，它容易使我们产生思想上的防碍性，养成一种呆板、机械、千篇一律的解题习惯，不利于创新思考，不利于创造。尤其是在情境发生变化时，若把思维定势绝对化、固定化，势必成为束缚思维创新的条条框框，成为创新的思维枷锁，妨碍人们采用新的方法。

阻碍创新的思维枷锁有许多，最常见的有从众型思维枷锁、权威型思维枷锁、经验型思维枷锁、书本型思想枷锁和自我中心型思维枷锁五种。

1. 从众型思维枷锁

从众型思维枷锁源于从众心理。在社会互动中，人们无不以不同的方式影响那些与他们互动的人。个人往往易受别人的诱惑而不相信自己的认知成果，旁人能促进或阻碍某人完成某项任务，遵从的压力能迫使个人接受大多数人的判断。不仅在模棱两可的情况下如此，而且即使在明确无误的情况下也会出现类似现象，因为在心理上人们更倾向于相信大多数，认为大多数人的知识和信息来源更多、更可靠，正确的概率更大，在个人与大多数人的判断发生矛盾时，个人往往跟从大多数，从而怀疑、修正自己的判断。从众心理往往容易扼杀创新，这与创新求异的基本特征相违背。一个社会越强调遵从传统，从众型思维枷锁越稳固。在“枪打出头鸟”的传统观念影响下，人们往往选择“多一事不如少一事”，宁肯“太平”，也不愿“鹤立鸡群”，免得“生出事端”。

2. 权威型思维枷锁

一个社会需要权威，没有权威，就没有社会秩序，没有法规，没有行为规范，社会就要乱套。社会的稳定有序往往基于人们对权威的崇敬之情以及对权威的必要服从。如恩格斯在批判反权威主义者时所说：“一方面是一定的权威，不管它是怎样形成的；另一方面是一定的服从，这两者都是我们所必需的，而不管社会组织以及生产和产品流通赖以进行的物质条件是怎样的。”他指出“能最清楚地说明需要权威，而且需要最专断的权威的，要算是在汪洋大海上航行的船了。那里，在危险关头，要拯救大家的生命，所有的人就得立即绝对服从一个人的意志”。然而，如果把权威绝对化、神圣化，对权威的崇敬之情就会变成对权威的迷信、盲目推崇，权威型思维就会变成遏制创新的枷锁。不恰当地引用权威的观点、不加思考地以权威的观点论是非、一切以权威的观点为最高准则、不敢越权威的“雷池”一步，这都将不利于创新的实现。

3. 经验型思维枷锁

人的一生会积累大量的经验，诸如生活的亲身感受、实践的直接知识、传统的习惯与观念等。经验在人们的实践活动中起着重要作用，人们可以凭借经验指导在相同条件下的相同实践活动，提高某些习常性的实践活动的效率。同时，经验也是理论的基础。理论思维必须建立在经验的基础上才有生命力，离开了经验，理论思维就无法进行。但经验又具有极大的局限性，它只在一定的实践水平上、在一定的条件下对一定的实践活动有指导意义。而且，即使在适当的范围内，它对实践活动的指导意义也是有限的。恩格斯说过，单凭观察所得的经验，是不能充分证明必然性的。黑格尔也指出，经验并不提供必然性的联系。因此，一旦拘泥于狭隘的经验，势必极大地限制个人的眼界，从而阻碍思维创新。在这种情况下，经验就成了创新思维的枷锁。

4. 书本型思维枷锁

书本型思维定势是人们不顾实际，一味从书本出发，书本上怎么说就怎么做。事实上，书本知识同经验一样也具有两面性。一方面，人类社会离不开书本知识，创新思维也要基于必要的书本知识；另一方面，如若迷信书本，唯书本是从，无视活生生的现实生活，甚至用书本知识去裁剪活生生的现实，那就会禁锢思想。此时，书本就会成为创新思维的枷锁。尽管书本知识是创新思维的基础，但创新思维源于知识的灵活运用，而非单纯源于知识的积累，如若没有运用知识的智慧，只是单纯的积累，那最多成为知识的“活辞典”，而不会成为创造者。此外，书本知识也是创新思维的起点，但如若拘泥于某个领域的知识，陷于其中而不能自拔，就会限制眼界，束缚视野，不利于创新思维的产生。

5. 自我中心型思维枷锁

在日常思维活动中，人们自觉或不自觉地按照自己的观念、站在自己的立场、用自己的目光去思考别人乃至整个世界。在自我模式为中心这个概念中，个人的思考以自己为中心，一个团体的思考以团体为中心，一个国家或民族的人思考以本国本民族为中心，等等。特定的主体总是以其自身为中心去观察、认识客观世界的。任何主体所理解的客观世界都基于该主体所处的时空。对于同样的客体，由于特殊的瞬间和特殊的方位，可导致特殊的认识角度，形成特殊的认识中心，从而获取特殊的信息。

不同的主体总是从自身的需要、兴趣和利益出发，去认识客观世界的。例如，对“古松”这一事物客体，不同的主体就往往从不同的侧面去反映：木材商人观察到的是一段价值多少元的木材；植物学家观察到的是一种叶为针状、果为球状、四季常青的显花植物；画家观察到的则是一棵苍翠挺拔的古树。一旦把这种以自我为中心的现象绝对化，凡事一概站在自身的立场，用自身的眼光去思考别人乃至整个世界，并一味排斥他人的立场、他人的观点、他人的利益，便形成了自我中心型的思维枷锁，就会产生思维定势，阻碍创新思维。必须跳出“自我中心型思维枷锁”，理解自我之外的许多观念和事物，提升创造性思维的水平。

二、偏见

偏见是束缚创新思维的另一因素。偏见是指根据一定表象或虚假的信息做出判断，从而出现判断失误或判断本身与判断对象的真实情况不相符合的现象。

从哲学角度而言，偏见是一种本体性的存在。人们在观察和理解事物时，必须借助一定的工具，这些工具包括物质的和精神的，客观的和主观的。从客观而言，根据海森堡测不准原理，任何观察工具对观察对象的介入都将在一定程度上使对象改变从而达不到“绝对”准确；从主观而言，观察受制于选择，选择取决于价值，价值却存在历史和现实的局限。弗洛姆(E. Fromm)认为人在社会化的过程中逐渐形成了特定的逻辑、语言和经验，三者构成了网状系统，只有那些能透过网状系统的事实和知识才能被我们看到和理解，因此不同的网就形成了不同的偏见。这与解释学提出的“一切理解都受制于前结构”“理论先于观察”不谋而合，所以，伽达默尔(Gadamer)的“偏见是理解的前见”似乎定下了人类的宿命。

偏见有许多种类型，从产生偏见的原因来看，偏见可以分为利益偏见、位置偏见、文化偏见三种类型。

利益偏见，是指一种无意识的偏斜——对公正的微妙偏离。利益偏见更普遍的情况是所谓的"鸡眼思维"，也就是马克思(Karl Heinrich Marx)所说的"愚蠢庸俗、斤斤计较、贪图私利的人总是看到自以为吃亏的事情。譬如，一个毫无修养的粗人常常只是因为一个过路人踩了他的鸡眼，就把这个人看作世界上最可恶和最卑鄙的坏蛋。他把自己的鸡眼当作评价人们行为的标准"。再如，大多数的恋人都认为自己找到了世上最好的人，大多数孩子也都会得出结论说自己的父母是世界上最好的父母。所谓"王婆卖瓜，自卖自夸"其实就是一种典型的利益偏见思维模式。

位置偏见，是指因所处的位置、生活状况而无意识产生的微妙偏离，而对事物做出不同的判断。在现实生活中，人们因为所处的位置不同，看问题的角度不同，得出的结论也就不同。每个人都生活在一定的社会坐标体系中，各种思想无不打上其鲜明的烙印，连老黑格尔(Hegel)也不忘说："同一句格言，出自青年人之口与出自老年人是不同的，对一个老年人来说，也许是他一辈子辛酸经验的总结。"同样，处于不同的年龄位置也会导致不同的见解，这与站在不同的物理位置会引起不同的认知是一样的。例如，在创新过程中，在同一个课题组里，课题组成员都会强调自己完成的那部分是多么重要，并且过高地评价其在创新项目中的创造性贡献。再比如，某些企业会出现部门间相互计较职能高低，在工作沟通中，埋怨别人不配合其工作等情况。这些其实都是因为所处的位置不同，导致的双方偏见思维。

文化偏见，是指每个人都受到自己所在地域、国家、民族长期积淀的文化的影响，对事物会做出不同的判断。著名华裔人类学家许烺光在《美国人与中国人》一书中十分严肃地举了一个例子："在一部小国电影中，一对青年夫妇发生了争吵，妻子提着衣箱怒冲冲地跑出公寓。这时，镜头中出现住在楼下的婆婆，她出来安慰儿子：'你不会孤独的，孩子，有我在这儿呢。'看到这儿，美国观众爆发出一阵哄笑。中国观众却很少会因此发笑。"这两种截然不同的反应所透出的文化差异是明显的，在美国人的观念中，婚姻是两个人的私事，夫妻感情是任何别的感情无法替代的。而中国观众却能恰当地理解母亲的意思。

每个人都受到自己所在地域、国家、民族长期积淀的文化的影响，看待问题的角度不可避免地打上文化、宗教、习俗的烙印。因此，要突破传统思维的局限，站在新的视角去看待问题，形成新的思路与方法，就需要破除偏见。

思考 3-1

村子中有 50 个人，每人有一条狗。在这 50 条狗中确定有病狗(这种病不会传染)。于是人们就要找出病狗。每个人可以观察其他的 49 条狗，以判断它们是否生病，只有自己的狗不能看。观察后得到的结果不得交流，也不能通知病狗的主人。主人一旦推算出自己家的是病狗就要枪毙自己的狗，而且每个人只有权利枪毙自己的狗，没有权利打死其他人的狗。第一天、第二天都没有枪响。到了第三天传来一阵枪声，问有几条病狗，如何推算得出？

答案解析：

第一种推论：

(1) 假设有 1 条病狗，病狗的主人看到其他狗都没有病，那么就知道自己的狗有病，所以第一天晚上就会有枪响。因为没有枪响，说明病狗数大于 1。

(2) 假设有 2 条病狗，病狗的主人会看到有 1 条病狗，因为第一天没有听到枪响，是病狗数大于 1，所以病狗的主人会知道自己的狗是病狗，因而第二天会有枪响。既然第二天也没有枪响，说明病狗数大于 2。

由此推理，如果第三天枪响，则有 3 条病狗。

第二种推论：

(1) 如果为 1 条，第一天那条狗必死，因为狗主人没看到病狗，但病狗存在。

(2) 若为 2 条，令病狗主人为 a，b。a 看到一条病狗，b 也看到一条病狗，但 a 看到 b 的病狗没死，故知病狗数不为 1，而其他人没病狗，所以自己的狗必为病狗，故开枪；而 b 的想法与 a 一样，故也开枪。由此，为 2 时，第二天 2 条狗必死。

(3) 若为 3 条，令主人为 a，b，c。a 第一天看到 2 条病狗，若 a 设自己的不是病狗，由推理2，第二天看时，那2条狗没死，故狗数肯定不是2，而其他人没病狗，所以自己的狗必为病狗，故开枪；而b和c的想法与a一样，故也开枪，由此，为3时，第三天3条狗必死。

(4) 若为4条，令狗主人为a，b，c，d。a第一天看到3条病狗，若a设自己的不是病狗，由推理3，第三天那三条狗没死，故狗数肯定不是3，而其他人没病狗，所以自己的狗必为病狗，故开枪；而b和c，d的想法与a一样，故也开枪。由此，为4时，第四天必有4条狗死。

由此递推，狗是在第三天死的，故答案是3条病狗。

第二节 破除思维定势与偏见

要形成创新思维，第一步便是要打破思维定势、偏见等常规思维对我们思想的束缚。但基于不同常规思维的特点，打破常规思维的方式也不尽相同。

一、破除思维定势

1. 破除从众型思维枷锁

破除从众型思维枷锁，需要提倡"反潮流"精神。"反潮流"精神，就是在认识和思考问题的时候，相信自己的理性判断能力，能够顶住周围多数人的压力，敢于坚持自己的观点，不轻易附和其他人。一般来说，创新思维能力强的人，大都具有思维反潮流的精神；而思维从众倾向比较强的人，创新思维能力相对较弱。从人类历史的发展来看，真理往往首先被极少数人所发现，然后才会慢慢地被传播、普及，最终成为普通民众都接受的"常识"。所以要想破除人们的从众心理要从以下做起：当面对新情况进行创新思维的时候，就不必顾忌多数人的意见，不必以众人的是非为是非，这样才能真正打破封闭、开阔思路，获得新事物、新观念。

2. 破除权威型思维枷锁

要破除权威型思维枷锁，需要学会审视权威。首先，要审视是不是本专业的权威。社会上有一种“权威泛化”现象,即把某个专业领域中的权威不恰当地扩展到社会的其他领域。其实,权威一般都有专业局限,某专业领域中的权威,一旦超出本专业领域,不一定能成为权威。其次,要审视是不是本地域的权威。权威除了有专业性,还有地域性。适用彼时彼地的权威性意见,不一定适用于此时此地。因此面对某种权威性论断时,不能不加分析地盲目套用。再次,要审视是不是当今的权威。权威是具有时间性的,不存在永久的权威。随着社会的发展,知识更新的速度在不断加快,不能与时俱进的权威也将被时代淘汰。最后,要审视是否是真正的权威或权威结论。有两种情况需要注意:一是借助某种力量包装出来的权威,如靠政治地位、经济力量、媒体炒作等“渲染”而登上权威“宝座”的,并非真正的权威;二是即使真的是权威,但其结论的得出是出于某种利益需要,这种结论未必具有真实性。

3. 破除经验型、书本型思维枷锁

破除经验型思维枷锁的关键是冲破经验的狭隘眼界,把经验思维上升到理论思维。理论思维又称为逻辑思维,是依据一定的理论知识、遵循特有的逻辑顺序而进行的思维活动。理论思维是建立在经验基础之上的一种较为高级的思维类型。我们要掌握事物的一般辩证本性、深层全面本质和普遍规律,只靠经验思维是不行的。因为经验思维具有局限性,如经验思维只坚持事物的个性和事物固定的特性,多停留在事物的表面联系上,实际上并未了解事物的内在规律与本质特征。而理论思维可以了解事物的内在本质和发展趋势,因而较之经验思维更深刻、更全面,能有效地指导人们的实践活动。因此,破除书本型思维枷锁的途径在于增长运用知识的智慧;在于尊重实践,注意在实践中学习;在于善于超越有限的专业领域,开阔视野,拓展思维空间。

4. 破除自我中心型思维枷锁

破除自我中心型思维枷锁的根本途径在于“跳出自我”,多与人交流,试着站在他人的立场考虑问题,理解自身之外的事物和现象,在“自我”与“非我”的跨越中开阔视野。许多新思想、新观念的提出,归功于自我中心型思维枷锁的破除。例如,“可持续发展战略”和“地球伦理观念”的提出,归功于跳出“人类中心主义”的眼界;国际间“和

平共处原则”的提出，归功于跳出狭隘的民族主义和以意识形态为中心处理国家关系的眼界。

思考 3-2

据说在古代一个王国里，有一条奇怪的法律条文。按照这条法律条文，被处以极刑的犯人，在临刑前仍然有一次选择生命的机会。即在一个箱子里放上两个纸阄，其中一个写有“生”，另一个写有“死”。然后让临刑的犯人任意从箱子里摸出一个纸阄，并当众验证。如果犯人所摸出的是“生”阄，则立即释放：如果犯人所摸出的是“死”阄，则即刻被处死。

有一位大臣遭人诬陷，被判处死刑。但诬陷他的人仍然担心他在临刑前的生死选择中摸出“生”阄，于是便贿赂有关官吏，将箱子里的两个纸阄全部写上“死”。这个阴谋家以为这样一来，无论这位大臣摸出哪一个纸阄，都是必死无疑。

但这个阴谋被这位大臣的一个好友探知了，于是他想办法把秘密面告这位大臣，要求他在临刑前的生死选择中，当场戳穿这个阴谋家的丑恶嘴脸。然而，当这位大臣得知这个消息后，竟谨慎地嘱咐好友将消息封锁，认为这一下自己必生无疑了。

结果是，这位大臣在临刑前的生死选择中，从容不迫地摸出一个纸阄，重新获得了生命。

你知道这位大臣是如何如愿以偿的吗？

（摘自《聪明人玩的 118 个创新思维游戏》）

二、破除偏见

弗兰西斯·培根曾把人的认知看成是某种受控行为，即人们往往被一些自己并未察觉的假象（或称偶像）所干扰，从而做出错误的判断，这些假象主要有四种：一是种族假象，由于人们的本性而产生的谬误看法，人总是从自己的感知和思维方式出发去判断事物。二是洞穴假象，人总是在自己个性和环境的影响下观察与理解事物，类似于柏拉图的“洞穴假象”，即人所看到的常常只是洞穴中自己的影子。三是市场假象，人在交往中所使用的语言就像市场中的交易一样被滥用了，由此便会生出诸多谬误。四是剧场假象，各种貌似真理的权威思想搅乱了人们的思想。无论今天的哲学再对假象作何种归纳，有一点是肯定的，即由假象所导出的观察和判断会失真，从而产生偏见。

虽然从哲学上我们无法彻底超越偏见，但在具体方法上，我们并不会放弃寻求公正的努力。对于创新而言，从思维方法上，寻求对偏见的有限超越是有益的。

虽然偏见有不可超越性，但是可以在一定程度上减轻偏见的影响，以下就是破除偏见的几种方法：

1）超越有限经验

超越有限经验是破除偏见的有效方法之一。你手里有一张报纸，看完之后将它对折，第二天再对折一次，以后每天对折一次，两个月后，你能想象一下报纸大概有多厚吗？（假设理论上可以做到多次对折）

这个问题看似简单，却是超越我们日常经验的。对于这个问题，人们脑子里浮现的是一张薄薄的纸和 60 天有限的时间，因此，当要求大家具体想象一下多次对折后的厚度时，有的人回答说大概有桌子这么高，有的说也许有四层楼那么高，有一个人说："我知道，这和印度人将谷粒放入棋盘的原理是一样的，所以它的厚度说不定能达到喜马拉雅山那么高呢。"

到底有多厚呢？我们知道对折 60 次后的层数为 2 的 60 次方，如果按 100 层纸厚 1 厘米计算，对折 30 次的厚度大概是 107 374 米，已经相当于 12 座珠峰，再对折 30 次，将是什么样的厚度呢？看来只有上帝知道了。

这样我们就看到，大多数人总是习惯于凭自己的经验做出判断，这种经验一般而言是感性的、朦胧的、自闭的。其最大的特点是局限性。个人的经验永远只能是具体的，而一切的具体都是有限的。经验无法达到完全归纳，一切有限的经验归纳在无限的事实面前其比值永远趋向于零。问题在于人们总是用近乎"零"的经验来臆断，建立在有限归纳基础上的演绎可以是科学的，但是将偏于一隅的经验强迫性地放大为放之四海而皆准的真理，却只能是愚昧的。

2）摆脱经验干扰

有两个明显的事实可以做证：

年轻人更容易出重大原创性成果，其原因可能非常复杂，但其中一个重要的因素必定是——年轻人没有传统经验的干扰，因而更少保守思想，更倾向于革命与颠覆。

（1）缺乏经验的年轻人往往比老年人在原创性上更锐利。牛顿、爱因斯坦都是在26岁时做出了人类历史上最重要的贡献。事实上，历史上许多重大的发明都是年轻人所为。我国已故科学家赵红洲曾对1500—1960年全世界1 249名杰出科学家和1 228项重大科研成果做了统计，发现发明创造的最佳年龄是15～45岁。也有人统计了301位诺贝尔奖获得者，其中大约40％的人是在35～45岁获奖的，而且绝大多数获奖者的科研成果是在获奖前4～10年完成的。

（2）在科学上有一个不可否认的事实：一些半路出家的冒险者闯入一个多年徘徊不前的领域，往往能够给这个科学领域带来新的突破。

房地产经纪人恩德发现了试管中培养小儿麻痹症的病毒的简便方法；伽利略发现钟摆原理时还是个医生；美国著名的创新学专家奥斯本也佐证说："历史证明，许多伟大的思想都是由那些对有关问题没有进行过专门研究的人所创造出来的。电报是由莫尔斯发明的，他仅是一名肖像画家。蒸汽船为另一艺术家富尔顿所发明。惠特尼是一位小学老师，却发明了轧棉机。"

3）控制社会化过程

儿童青少年的偏见主要通过社会化过程形成，因而通过对这一过程的控制可以减少或消除偏见，而在社会化过程中尤其要注意父母与周围环境以及媒体的影响。

4）接受教育

接受的教育越多，人们的偏见将越少。有时候人们的偏见更多地源于自己的无知和狭隘，所以通过让人们接受更多的教育来减少偏见是一种很有效的方法。

5）直接接触

Amir(1969)、Brewer与Miller(1984)提出的接触假设(contact hypothesis)认为在某些条件下，对立团体之间的直接接触能够减少他们之间存在的偏见。这里所指的条件包括：地位平等(Pettigrew，1969)；有亲密的接触(Cook，1964；Herek，1993)；团体内部有合作，并有成功的机会(Aronson，1978)；团体内部有支持平等的规范(Blanchard，1991)。基于这一假设，举办国际性的学术会议、奥运会等都可以克服人们之间的偏见。

第三节　创新思维的主要方式

一、发散思维

创造性思维就是不断用猜想和反驳去寻找与接近可能的真理。然而，这种猜想在多样化选择的大自然面前却是低概率的。于是，发散性思维便成了一切创造的最初条件。正如两次诺贝尔奖获得者莱纳斯·鲍林说的："要想产生一个好的设想，最好的办法是先激发大量的设想。"这句话一针见血地指出了创造性思维的本质。所以，美国心理学家吉尔福特才坚持说："发散思维是创新思维的核心。正是在发散思维中，我们才看到了创新思维最明显的标志。"发散性思维的概念早在1918年已经由伍德沃斯提出，经由奥斯本具体分类，直至科学史专家库恩在其重要著作《必要的张力》中进一步阐述，经过无数创新学者的研究，已经成为一门显学。根据发散思维的形式，可以将发散思维分为结构发散、因果发散、属性发散、关系发散、功能发散五种类型。

思考 3-3

让我们先思考下面的问题：用8根火柴做2个正方形和4个三角形(火柴不能弯曲和折断)。除了图3-1所示方式还有哪些方式？(思考10分钟)

关于上题当然还有别的方式，但一般人首先想到的一定是两个正方形的重叠。但看看图2的方式，你仍会发现2个正方形和4个三角形。图3-2的方式与对角线方式相比较，有何共同之处呢？首先，都在外部构成了一个大正方形。那么现在请你试一试平移正方形内部的4根火柴，你会发现有更多的方式解决这个问题。图3-2

画出的只是其中一例，可以看出，一旦用了发散性思维，便可以让我们进入无穷分割的境界。

结构发散可以是多元的。联合国儿童公约，同样一段文字，仅结构发生一点变化，立意顿时大为不同：

一切为了孩子/为了孩子的一切/为了一切孩子

这与世界卫生组织的口号具有同样的意境：

给生命以时间(自然生命的延长)/给时间以生命(精神生命的充实)

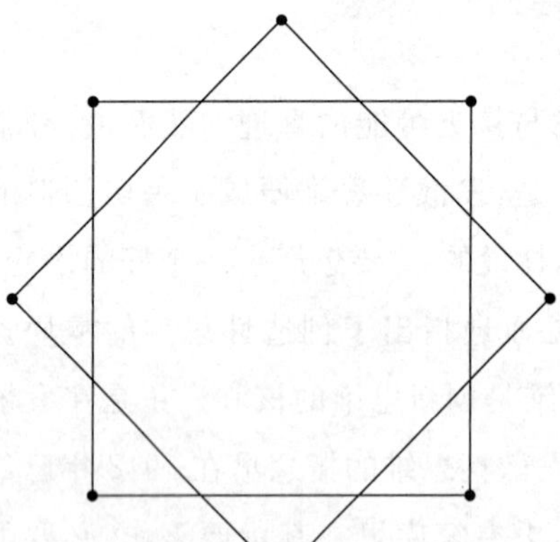

图 3-1

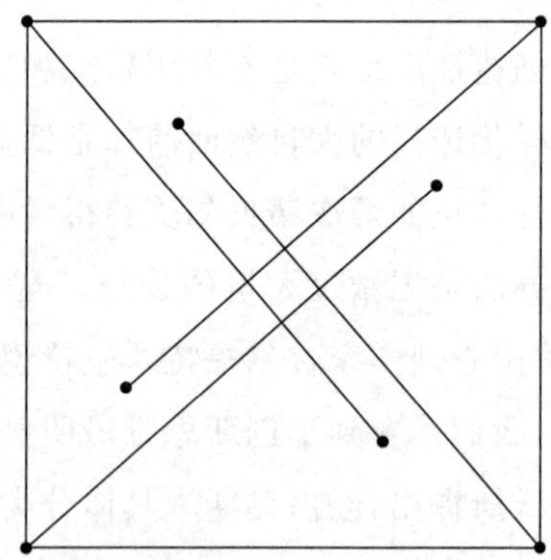

图 3-2

1. 结构发散

结构发散是指以某事物的结构为发散点，设想出利用该结构的各种可能性。

2. 因果发散

因果发散是指用发散思维的方法寻找事物间逻辑上的因果关系。因果发散创新思维是指以事情既成的“果”为辐射源，以“因”为半径，全面进行思维发散，以果溯因推出产生某一结果的可能原因，找出解决问题的突破口。

3. 属性发散

属性发散是以某种事物的属性(如形状、颜色、音响、味道、气味、明暗等)为发散点，设想出利用某种属性的各种可能性。

4. 关系发散

关系发散就是尝试思考某一特定事件所处的复杂关系，从中寻找出相应的思路。在发散思维面前，事物不存在唯一的解释，所有我们认为天经地义的事件和关系，都有可能存在另一种解，即使是附庸，也不失一种调侃之趣。

5. 功能发散

发散性思维不仅要求将事物的关系、属性、结构等看成是一个多元开放的系统，更希望在系统的功用上进行发散性思考。

案例 案例 3-1

1940 年 11 月 26 日，纽约爱迪生公司大楼一个窗沿上发现一颗炸弹，并附有署名 F.P 的纸条，上面写着：爱迪生公司的骗子们，这是给你们的炸弹！后来，这种威胁活动越来越频繁，越来越猖狂。1955 年竟然放上了 52 颗炸弹，并炸响了 32 颗。对此报界连篇报道，并惊呼此行为的恶劣，要求警方给予侦破。

纽约市警方在 36 年中煞费苦心，但所获甚微。所幸还保留几张字迹清秀的威胁信，字母都是大写。其中，F.P 写道：我正为自己的病怨恨爱迪生公司，要使它后悔自己的卑鄙罪行。为此，不惜将炸弹放进剧院和公司的大楼，等等。警方请来了犯罪心理学家布鲁塞尔博士。博士依据心理学常识，应用发散思维的方法层层递进，寻找因果联系，在警方所掌握材料的基础上做了如下因果推理：

(1) 制造和放置炸弹的大都是男人。

(2) 他怀疑爱迪生公司害他生病，属于“偏执狂”病人。这种病人一过 35 岁病情就加速加重。所以 1940 年时他刚过 35 岁，现在(1956 年)他应是 50 岁出头。

(3) 偏执狂总是归罪他人。因此，爱迪生公司可能曾对他处理不当，使他难以接受。

(4) 字迹清秀表明他受过中等教育。

(5) 约85%的偏执狂有运动型体型,所以F.P可能胖瘦适中,体态匀称。

(6) 字迹清秀、纸条干净表明他工作认真,是一个兢兢业业的模范职工。

(7) 他用“卑鄙罪行”一词过于认真,爱迪生公司也用全称,不像美国人所为。故他可能在外国人居住区。

(8) 他在爱迪生公司之外也乱放炸弹,显然有F.P自己也不知道的理由存在,说明他有心理创伤……形成了反权威情绪,乱放炸弹就是在反社会权威。

(9) 他常年持续不断乱放炸弹,证明他一直独身,没有人用友谊和爱情来治愈其心理创伤。

(10) 他虽无友谊,却重体面,一定是一个衣冠楚楚的人。

(11) 为了制造炸弹,他宁愿独居而不住公寓,以便隐藏和不妨碍邻居。

(12) 地中海各国用绳索勒系别人,北欧诸国爱用匕首,斯拉夫国家恐怖分子爱用炸弹。所以,他可能是斯拉夫后裔。

(13) 斯拉夫人多信天主教,他必然定时上教堂。

(14) 他的恐吓信多发自纽约和韦斯特切斯特。在这两个地区中斯拉夫人最集中的居住区是布里奇波特,他很可能住在那里。

(15) 持续多年强调自己有病,必是慢性病。但癌症不能活16年。恐怕是肺病或心脏病,肺病现在已易治愈,所以他是心脏病患者。

根据这种因果发散的分析,博士最后得出结论:警方抓他时,他一定会穿着当时最流行的双排扣上衣,并将纽扣扣得整整齐齐。而且,建议警方将上述15个可能性公诸报端。F.P重视读报,又不肯承认自己的弱点。他一定会做出反应以表现他的高明,从而自己提供线索。

果不其然,1956年圣诞节前夕,各报刊载这15个可能性后。F.P从韦斯特切斯特又寄信给警方:“报纸拜读,我非笨蛋,决不会上当自首,你们不如将爱迪生公司送上法庭为好。”

依据有关线索,警方立即查询了爱迪生公司人事档案,发现在30年代的档案中,有一个电机保养工乔治·梅斯特基因公烧伤。他曾上书公司诉说染上肺结核,要求领取终身残疾津贴，但被公司拒绝，数月后离职。此人为波兰裔，当时(1956 年)为 56 岁，家住布里奇波特，父母双亡，与其姐同住一独院。他身高 1.75 米，体重 74 公斤，平时对人彬彬有礼。

1957 年 1 月 22 日，警方去他家调查，发现了制造炸弹的工作间，于是逮捕了他。当时他果然身着双排扣西服，而且整整齐齐地扣着扣子。

也许，最终的破案有偶然性，但是，善于用发散性思维进行因果联系的层层递进的分析方法同样存在某种必然。

二、联想思维

世界是普遍联系的，我们要探索、发展、创新，就需要以一种能够由此及彼、由无到有、由一到无限的思维方式来对这个世界进行思考，联想思维正是我们解开这盘根错节的“坚利”工具。生理学家巴甫洛夫认为，联想是由两个或两个以上刺激物同时地或连续地发生作用而产生的暂时神经联系，是在头脑中由一事物想到另一事物的心理活动。通过联想，每个人都能把输入大脑的信息串联起来，构建出独特的思考网络。也就是说，联想可以克服两个概念在意义上的差距，把它们联结起来，其生理和心理机制是暂时的神经联系，也就是神经元模型之间的暂时联系。

联想思维作为探索未知的一种创造性思维活动，它是关于事物之间存在普遍联系观点的具体体现和实际运用。没有存在于事物之间的客观联系，联想就很难发生，离开事物之间客观联系的联想只是幻想。联想与想象的最大差别在于联想是有迹可循的，而想象则比较随机，没有明显的思维轨迹。一般而言，存在相似联想、接近联想、对比联想与自由联想四种联想方式。

1. 相似联想

在生活中，不同事物之间可能存在相似点或相同点。相似联想可以把不同的事物联系起来，联系的纽带是不同事物的相同点或共同点。简单来说，相似联想是一种类推性联想，是指由一事物想起性质、特点、功能等相似的另一事物。事实上，相似联想是暂时联系的泛化或概括化的表现。泛化是对相似事物还未完全分辨清楚时所作的反应。客观世界发展过程中的相似现象，经常会反映到人们的头脑中来。所以，人们总是在自觉或不自觉地按照相似的规律，不断地去认识世界和改造世界。总结人们在认识世界和改造世界过程中的有效活动，探索客体和主体在发展过程中的相似现象之间的内在联系和基本规律，无疑能够增强我们对事物发展方向的预见性，使我们在认识过程中少走弯路。相似联想不仅在我们探索世界的活动中扮演领航员的角色，它在创意的形成过程中也发挥着独特的魅力。

2. 接近联想

世界上没有任何真正孤立的存在，也没有事物能脱离自身生存系统独立于世界。无论什么都摆脱不了时间的羁绊，我们总是在时间或空间上保持一定的联系。时空上接近的事物在我们的经验或潜意识中总是很容易形成连接，比如：提到肯德基，就会想起麦当劳；提到美国，就会想起夏威夷和拉斯维加斯；提到《西游记》，就会想起孙悟空的神通；提到金庸，不可能不想起他的武侠小说；说到武侠，自然想起快意江湖；提到江湖，就不得不谈谈英雄与红颜……这一切就像一条蛇形链，环环相扣，接踵而至。

3. 对比联想

对比联想亦称相反联想，是指从一事物联想到性质、特点相反的另一事物，是由对某一事物的感知或回忆引起和它具有相反特征的事物的回忆而形成的联想规律。

4. 自由联想

自由联想虽然会占去人相当多的时间，但也绝不是在浪费时间，虽然是无意识控制时的单纯思维，但它却是有目的思维的基础。自由联想是没有规律和逻辑的。但“乱想”也不是没有任何联系的事物的堆砌，它与平时工作、学习时的思维相比，仅在于它没有很强的目的性和功利性，其内容经常表达我们内心的深层愿望，而这些愿望平时不被我们所意识。如果将有意志控制的、有目的的思维比作冲刺的话，那么自由联想则是散步。大脑在自由联想时可以变得异常活跃，可以从眼前的具体事物中摆脱出来充分展现出内心的愿望，让自己看到平时所忽略的内心真实面貌。因此，经常进行自由联想会使我们的大脑更具有创造力，它大都能产生许多出奇的设想，往往会使我们收到意想不到的创造效果。

案例 案例 3-2

美国人菲利普某一天为在报纸上偶然看到的一条新闻而兴奋不已——墨西哥发现了类似瘟疫的病例。他马上联想到：如果墨西哥真的发生了瘟疫，则一定会传染到与之相邻的加利福尼亚州和得克萨斯州，而从这两州又会传染到整个美国。事实是这两州是美国肉食品供应的主要基地。如果真如此，肉食品一定大幅度涨价。于是他当即派医生去墨西哥考察证实，并立即集中全部资金购买了邻近墨西哥的两个州的牛肉和生猪，并及时运到东部。果然瘟疫不久就传到了美国西部的几个州，美国政府下令禁止这几个州的食品和牲畜外运，一时美国市场肉类奇缺，价格暴涨。菲利普在短短几个月内，就净赚 900 万美元。

三、形象思维

最抽象的东西往往也是最形象的东西，最抽象的宇宙图景常常需要借助于最形象的物象来思维，在具象性的思考中一步步建构起无限抽象的帝国。“形象”这个概念是 19 世纪以俄国的别林斯基为代表的文艺理论家在研究文学创作问题时提出的，“形象思维”这一术语最早的应用者为苏联家法捷耶夫。形象思维又称“直感思维”，是指以具体的形象或图像为思维内容的思维形态，是人的一种本能思维，人一出生就会无师自通地以形象思维方式考虑问题。

形象思维顾名思义就是以“形象”为载体，“形象”的表现需要借助各种各样的方式以及手法，在这里我们把这些方式、手法等称为形象思维媒介。眼睛是五官中对事物反应最直接快捷的，因此我们对于视觉形象总是最容易接受理解，具有强烈震撼力和冲击力的图像总是能够在我们的心中引起波澜。人类早在有文字之前就已经开始用简单的绘画以及象形文字来表达和交流。图像再现了我们内心的情感以及我们的眼睛看到的世界是怎样的，甚至是我们的精神世界。人类的视觉、听觉、嗅觉、触觉、味觉是可以通过形象思维的作用而互相兑换的，然后以不同的形式表现出来。因此，触感变得可以尝出味道，声音变得摸得到、看得到，颜色和光亮变得听得见。正是有了形象思维，我们可以让很多无形的、抽象的东西变得鲜活可感。我们就能够利用这些“形象”来进行创新。

形象思维具有形象性、非逻辑性、粗略性、想象性四个特征。

(1) 形象性。形象性是形象思维最基本的特点。形象思维所反映的对象是事物的形象，思维形式是意象、直感、想象等形象性的观念，其表达的工具和手段是能为感官所感知的图形、图像、图式和形象性的符号。形象思维的形象性使它具有生动性、直观性和整体性的优点。

(2) 非逻辑性。形象思维不像抽象(逻辑)思维那样，对信息的加工是一步一步首尾相接地、线性地进行，而是可以调用许多形象性材料，一下子合在一起形成新的形象，或由一个形象跳跃到另一个形象。它对信息的加工过程不是系列加工，而是平行加工，是平面性的或立体性的。它可以使思维主体迅速从整体上把握住问题。形象思维是或然性或似真性的思维，思维的结果有待于逻辑的证明或实践的检验。

(3) 粗略性。形象思维对问题的反映是粗线条的反映，对问题的把握是大体上的把握，对问题的分析是定性的或半定量的。形象思维通常用于问题的定性分析，而抽象思维则可以给出精确的数量关系。因此，在实际的思维活动中，往往需要将抽象思维与形象思维巧妙结合，协同使用。

(4) 想象性。想象是思维主体运用已有的形象形成新形象的过程。形象思维并不满足于对已有形象的再现，它更致力于追求对已有形象的加工，而获得新形象产品的输出。所以，想象性使形象思维具有创造性的优点。这也说明了一个道理：富有创造力的人通常都具有极强的想象力。

案例 案例 3-3

法国作家福楼拜花四年时间以他精妙的笔触塑造了多愁善感、充满浪漫主义情怀的包法利夫人。一次福楼拜的朋友去拜访他，却看到福楼拜泪流满面、哀伤地坐在椅子上，整个人完全虚脱了，朋友就问：发生了什么事？这时福楼拜仿佛刚从噩梦中醒来一般，说道："包法利夫人死了……"福楼拜将自己的感情完全投入作品创作中，他在写包法利夫人服用砒霜自杀的那一刻，就好像是自己也中毒了一样。福楼拜曾说过一句耐人寻味的话："包法利夫人那就是我。"

正是抱着这样强烈的感情进行创作，福楼拜笔下的人物才如此生动，给读者留下难以磨灭的印象，牵动着读者的心。列宁说："没有人的感情，就从来没有也不可能有人对于真理的追求。"如果没有感情活动作为推动力量，那么我们就无法对事物给我们的"形象"进行鲜明的描述，那样我们的记忆就和机械一样，只是客观地记录、推算、演绎，从而缺乏创造力。

四、系统思维

人的生命是完整的，客观的世界是系统的，我们面对的世界也是变化的、整体的，因此，必须从整体上把握世界，而要从总体上认识原事物相互间的关系，就需要综合，需要系统思维。所谓系统，是指由若干相互区别、相互作用、相互联系的要素按一定方式组成的有机统一整体。简单来说，系统是由两个以上要素组成的整体，系统各要素之间，要素与整体之间，以及整体与环境之间都存在一定的有机联系。系统具有集合性、相关性、整体性、结构性、开放性等特点。系统思维的基本着眼点是整体性、综合性。系统思维是一种开放、动态、互动的思维方式，它将各种现象事物都看成是互相牵连、彼此相关的。在整个系统中，往往一个不易察觉的小小的行动或要素，就可以牵一发而动全身，产生巨大的影响。系统思维是常用的创新思维方式，具有整体性、结构性、立体性、动态性、综合性的特点。

系统思维的整体性是由客观事物的整体性所决定的，整体性是系统思维方式的基本特征，它存在于系统思维运动的始终，也体现在系统思维的成果之中。坚持系统思维方式的整体性，首先必须把研究对象作为系统来认识，即始终把研究对象放在系统之中加以考察和把握。其次还必须把整体作为认识的出发点和归宿。也就是说，思维的逻辑进程是这样的：在对整体情况充分理解和把握的基础上提出整体目标，然后提出满足和实现整体目标的条件，再提出能够创造这些条件的各种可供选择的方案，最后选择最优方案实现之。

系统思维方式的结构性，就是把系统科学的结构理论作为思维方式的指导，强调从系统的结构去认识系统的整体功能，并从中寻找系统最优结构，进而获得最佳系统功能。

系统思维方式是一种开放型的立体思维。它以纵横交错的现代科学知识为思维参照系，使思维对象处于纵横交错的交叉点上。在思维的具体过程中，系统思维方式把思维客体作为系统整体来思考，既注意进行纵向比较，又注意进行横向比较；既注意了解思维对象与其他客体的横向联系，又能认识思维对象的纵向发展，从而全面准确地把握思维对象的规定性。

系统的稳定是相对的。任何系统都有自己的生成、发展和灭亡的过程。因此，系统内部诸要素之间的联系及系统与外部环境之间的联系都不是静态的，都与时间密切相关，并会随时间不断地变化。这种变化主要表现在两个方面：一是系统内部诸要素的结构及其分部位置不是固定不变的，而是随时间不断变化的；二是系统都具有开放的性质，总是与周围环境进行物质、能量、信息的交换活动。因此，系统处于稳定状态，并不是说系统没有什么变化，而是始终处于动态之中，处在不断演化之中。

综合，本身是人的思维的一个方面，任何思维过程都包含着综合和综合的因素。然而，系统思维方式的综合性，并不等同于思维过程中的综合方面，它是比“机械的综合”“线性的综合”更为高级的综合。它有两方面的含义：一是任何系统整体都是这些或那些要素为特定目的而构成的综合体；二是任何系统整体的研究，都必须对它的成分、层次、结构、功能、内外联系方式的立体网络做全面的、综合的考察，才能从多侧面、多因果、多功能、多效益上把握系统整体。

案例 案例 3-4

宋太祖赵匡胤的姐姐长公主，一次穿着贴有翠羽的衣服来到皇宫拜见他。姐弟相见，家常话说完，太祖就对她说：“你该把这身衣服给我留下，今后不要再做这类衣服了。”长公主说：“我这衣服也不算特别，这才用多少翠鸟的羽毛？”但太祖想得很远：“只怕后宫诸妃亲戚甚至乡里妇女相传仿效，翠羽涨价，百姓以卖羽取利，杀生日益增多，实际都是你带的头。”

赵匡胤看到了一点会导致一个系统的连续动作，他姐姐穿贴有翠羽的衣服，事情虽然不大，但经过系统的连续放大，其结果就不容小视了。

五、逆向思维

思考 3-4

什么是逆向思维？为什么要逆向思维？怎样才能做到逆向思维？让我们先来思考下面两道题：

题 1　国会议员的竞选开始之前，米勒先生为自己是否参选的问题头疼了很久，最后决定去问问算命先生 A 和 B，他们分别做了回答。

A 讲完后说：“我说的有 60%是正确的。”

B 讲完后说：“我所说的只有 30%正确。”

假设他们说的都是事实，而且他们的判断很被米勒看中，应该按照谁说的结果去办，为什么？

题 2　一个退休的老人在某学校附近买了一栋房，可让他烦恼的是，有三个年轻人天天在他家旁边的垃圾桶上练脚功，把垃圾桶踢得乒乓作响，炸雷般的声音让老人无法忍受。然而，这可是三个不好惹的主，一般的劝说无济于事。请问老人有什么好办法使他们不再踢桶？

这两道题目有相似之处，解决的途径也具有异曲同工之妙。（请先思考再看答案）

题 1：米勒选择算命先生 B 说的结果去做。虽然算命先生 B 说的只有 30%正确，然而，有 30%的正确，那么就有 70%的不正确。但是米勒如果按照算命先生 B 所说的反面去做，就有 70%的正确率。这个数字是高于算命先生 A 所说的 60%正确率的，所以这种选择是更加周全的。

题 2：老人去跟这三个人谈判："你们帮我一个忙，我每天给你们一元钱，条件是你们必须每天来踢这只桶，我特别喜欢这踢桶的声音。"年轻人哪有不踢之理，当然是踢得更欢了。几天以后，老人来到正在踢桶的年轻人处，一脸抱歉地对年轻人说："最近因为通货膨胀，我的开支有点紧，能否少一点，每次我就给你们 0.5 元吧。"年轻人想了一想，还是同意了，但是踢的热情明显下降了。一星期后，老人对几个年轻人说："需要用钱的地方很多，今后我每次只能给你们 0.25 元了。""什么？0.25 元，你以为我们会为了区区 0.25 元而浪费我们的时间为你踢吗？不行，我们不干了"。从此，老人过上了安稳日子。

这两条解决方案的共同点是：逆向思维，也就是逆事物的常规方向去思考。

逆向思维，是指对现有事物或理论相反方向的一种创新思维方式，它是创新思维中最主要、最基本的方式。运用逆向思维，可以从以下三点把握。

(1) 面对新的问题，我们可以将通常思考问题的思路反过来，用常识看来是对立的、似乎根本不可能的办法去思考问题。

(2) 面对长期解决不了的问题或长久困扰着我们的难题，我们不要沿着前辈或自己长久形成的固有思路去思考问题，而应该"迷途知返"，即转换现有的思维，从与其相反的方向来寻找解决问题的办法。

(3) 面对那些久久解决不了的特殊问题，我们可以采取"以毒攻毒"的办法，即不是从其他问题中来寻找解决特殊问题的办法，而是就从特殊问题本身来寻找解决办法。

逆向思维是一种科学复杂的思考方法。因此，在运用它时，一定要对所思考的对象有全面、深入、细致的了解，依据具体情况具体分析的原则。绝不能犯简单化的毛病，简单化只能产生谬误，它同需要严密科学的创新思维是没有缘分的。

逆向思维就是反向思维，它是人类思维的一种特殊形式，具有普适性、新奇性、叛逆性的特点。

(1) 普适性。逆向思维几乎在所有领域都具有适用性，从本质上讲，它是世界的对立统一性和矛盾的互相转化规律在人类思维中的表现。当常态思维“山穷水尽疑无路”时，将思路反转，有时会意外地“柳暗花明又一村”。逆向思维是一种辩证思维，它不同于一般的形式逻辑思维，思路发生剧烈变化要求人们跳出单向的线性推导路径，在逻辑推理的尽头突然折返。

(2) 新奇性。逆向思维作为一种特有的生存智慧，处处能产生出奇制胜的效果。逆向思维的最大特点就在于改变常态的思维轨迹，用新的观点、新的角度、新的方式研究和处理问题，以求产生新的思想。

(3) 叛逆性。所谓逆向思维的叛逆性，是指在思想的深处运用一种“对立的方法”透彻地思考某一特定难题，以便获得一种与众不同的解决难题的新途径。逆向思维就是能从相互矛盾的事物中，从矛盾着的事物的多重属性中分辨出利弊，将其转化。

章末小结

(1) 思维定势,亦称"心理定势"。思维定势具有两面性,一方面,它能提高思维活动便捷性、敏捷性,提高思维效率;另一方面,如若把它绝对化、固定化,势必成为束缚思维创新的条条框框,成为创新的思维枷锁。

(2) 从众型思维枷锁指在心理上人们更倾向于相信大多数,认为大多数人的知识和信息来源更多、更可靠,正确的概率更大,在个人与大多数人的判断发生矛盾时,个人往往跟从大多数而怀疑、修正自己的判断。

(3) 权威型思维枷锁表现为不恰当地引用权威的观点,不加思考地以权威的观点论是非,一切以权威的观点为最高难则,不敢越权威的"雷池"一步。

(4) 经验型思维枷锁表现为拘泥于狭隘的经验,极大地限制了个人的眼界,从而阻碍思维创新。

(5) 书本型思维枷锁指迷信书本,唯书本是从,无视鲜活的现实生活,甚至用书本知识去裁剪鲜活的现实,从而禁锢思想,阻碍思维创新。

(6) 人类的思维活动必然有以思维主体的"自我"为中心的一面。这是一种规律性现象。然而,一旦把这种以自我为中心的现象绝对化,凡事一概站在自身的立场,用自身的眼光去思考别人乃至整个世界,并一味排斥他人的立场、他人的观点、他人的利益,便形成了自我中心型的思维枷锁,就会产生思维定势,阻碍创新思维。

(7) 人们往往被一些自己并未察觉的假象(或称偶像)所干扰,从而做出错误的判断,这些假象主要有四种:种族假象、洞穴假象、市场假象和剧场假象。由假象所导出的观察和判断会失真,从而产生偏见。偏见的类型包括利益偏见、文化偏见和位置偏见。

(8) 破除从众型思维枷锁,需要提倡"反潮流"精神;破除权威型思维枷锁,必须学会审视权威;破除经验型思维枷锁的关键是冲破经验的狭隘眼界,把经验上升到理论;破除书本型思维枷锁的途径在于增长运用知识的智慧,尊重实践,注意在实践中学习,善于超越有限的专业领域,开阔视野,拓展思维空间;破除自我中心型思维枷锁的根本途径在于“跳出自我”，多参与别人的思绪，试着站在别人的立场考虑问题，试着理解自我之外的事物和现象，在“自我”与“非我”的跨越中开阔视野。

(9) 破除偏见思维要认识到偏见的不可超越性和超越有限经验及摆脱经验的干扰。

(10) 发散思维是创新思维的核心。就其形式而言，发散性思维通常表现为如下类型：结构发散、因果发散、属性发散、关系发散、功能发散。

(11) 联想思维是关于事物之间存在普通联系观点的具体体现和实际运用。它包括相似联想、接近联想、对比联想、自由联想四种类型。

(12) 我们依靠形象来区分、认识不同的东西，形象思维是我们进行认知的基本思维方式。形象思维过程是一个整体性思维活动的过程，在这个过程中整体形象和个体形象的思考是同时进行的。

(13) 系统思维是一种开放、动态、互动的思维方式，它将各种现象事物都看成是互相牵连、彼此相关的。并且系统思维具有整体性、结构性、立体性、动态性、综合性的显著特点。

(14) 逆向思维，是指对现有事物或理论相反方向的一种创新思维方式，它是创新思维中最主要、最基本的方式。面对新的问题、长期解决不了的问题、久久解决不了的特殊问题，我们可以将通常思考问题的思路反过来，用常识来看是对立的、似乎根本不可能的办法去思考问题。

参考文献

[1] [英]珀威茨·K.阿曼德，查尔斯·D.谢泼德. 创新管理——情境、战略、系统和流程[M]. 陈劲，等译. 北京：北京大学出版社，2014.

[2] 毕克贵. 试析营销策划中的发散思维[J]. 辽宁广播电视大学学报，2007，01：89-90.

[3] 曹莲霞. 创新思维与创新技法新编[M]. 北京：中国经济出版社，2011.

[4] 曹希波. 聪明人玩的118个创新思维游戏[M]. 北京：企业管理出版社，2009.

[5] 陈劲，郑刚. 创新管理——赢得持续竞争优势[M]. 北京：北京大学出版社，2009.

[6] 陈劲，童亮，徐忠辉. 移动电话业创新源和领先用户研究[J]. 科研管理，2003，03：25-31.

[7] 陈劲. 从技术引进到自主创新的学习模式[J]. 科研管理，1994，02：32-34，31.

[8] 戴凌燕，陈劲. 产品创新的新范式：用户创新[J]. 经济管理，2003，12：16-20.

[9] 冯爱红，刘翠兰. 可持续发展系统思维模式初探[J]. 系统科学学报，2011，03：14-17.

[10] [英]爱德华·德博诺. 创新思维训练游戏[M]. 钟玲，译. 北京：中信出版社，2009.

[11] 冯国瑞. 论形象思维[J]. 中国高校社会科学，2015，02：92-104，158.

[12] 高建平. "形象思维"的发展、终结与变容[J]. 社会科学战线，2010，01：163-177.

[13] 高柯. 思维障碍：阻隔创新思维动力对接的那面墙[J]. 华东科技，2011(2)：46-47.

[14] 贺善侃. 创新思维概论[M]. 上海：东华大学出版社，2011.

[15] 胡飞航. 市场营销中的逆向思维[J]. 商业研究，2007，09：173-174.

[16] 胡婉莹，王森，康戈莉. 发散思维、敛聚思维与科学创新[J]. 中国成人教育，2007，06：127-128.

[17] 黄真，敦鹏. 形象思维与科技创新[J]. 机械工程学报，2013，15：1-8.

[18] 贾虹. 创新思维与创业[M]. 北京：北京大学出版社，2011.

[19] 李琛. 孕育无限创意的联想法[J]. 发明与创新(综合版). 2008(12).

[20] 刘卫平. 创新思维[M]. 杭州：浙江人民出版社，1999.

[21] 苗东升. 论系统思维(三)：整体思维与分析思维相结合[J]. 系统辩证学学报，2005，01：1-5，11.

[22] 苗东升. 论系统思维(一)：把对象作为系统来识物想事[J]. 系统辩证学学报，2004，03：

3-7.
[23] 缪晨. 300 个创新小故事[M]. 上海：学林出版社，2007.
[24] 孙国江. 创造发明中有无样例对发散思维的影响[D]. 重庆：西南大学,2012.
[25] 王健. 王者的智慧　新经济时代的创新思维方法[M]. 太原：山西人民出版社，2008.
[26] 王跃新. 创新思维学[M]. 长春：吉林人民出版社，2010.
[27] 吴进国. 打破常规,创新思维[M]. 北京：中国青年出版社，2003.
[28] 杨雁斌. 创新思维法[M]. 上海：华东理工大学出版社，2005.
[29] 张宝荣. 创新思维及其培养[M]. 石家庄：河北教育出版社，2008.
[30] 张国华. 大国崛起的创新思维[M]. 北京：线装书局，2009.
[31] 张杰,王云裳. 从"洛克菲勒卖珠宝"看如何破除思维定势[J]. 政工学刊,2014,10：59-60.
[32] 张正华. 创新思维、方法和管理[M]. 北京：冶金工业出版社，2013.
[33] 张志胜. 创新思维的培养与实践[M]. 南京：东南大学出版社，2012.

第四章 创新思维开发工具

学习目标：掌握基本的创新思维开发工具的类型；熟练运用头脑风暴法、思维导图法、六顶思考帽法、世界咖啡法及其规则。

第一节 头脑风暴法

头脑风暴法出自“头脑风暴”一词。所谓头脑风暴最早是精神病理学上的用语，指精神病患者的精神错乱状态，如今转而为无限制的自由联想和讨论，其目的在于产生新观念或激发创新设想。在群体决策中，由于群体成员心理相互作用影响，易屈于权威或大多数人意见，形成所谓的“群体思维”。群体思维削弱了群体的批判精神和创造力，损害了决策的质量。为了保证群体决策的创造性，提高决策质量，管理上发展了一系列改善群体决策的方法，头脑风暴法是较为典型的一个。并且头脑风暴法有利于捕捉瞬间的思路，激发创造性思维。

一、头脑风暴法的概念

头脑风暴法，又称智力激励法，最早由美国创造学家奥斯本于 1939 年首次提出。奥斯本用这个概念比喻思维高度活跃，打破常规的思维方式而产生的大量创造性设想的状况。头脑风暴法经各国创造学研究者的实践和发展，已经形成了一个发明技法群，如奥斯本智力激励法、默写式智力激励法、卡片式智力激励法等。一般认为，头脑风暴法是一种通过会议形式，让所有参加者在自由愉快、畅所欲言的氛围中自由交换想法或点子，对一个问题进行有意或无意的争辩的民主议事方法。为了保障头脑风暴方法的有效性，在使用头脑风暴法时，要注意坚持以下几条原则。

（1）禁止批评，鼓励表扬。奥斯本认为，对现有观点的批评不仅占用时间和脑力资源，还会使与会者人人自危，从而发言更加谨慎，影响新观点的诞生。所以，不要去暗示别人其想法不正确或者这些想法会有消极作用。相反，如果对与会者的观点不断进行表扬，那么会在很大程度激发他的创造力和想象力，有利于新观点的诞生。

（2）重在数量。在这里"越多越好"成为讨论的目标，质量是需要的，可是数量更为重要。如果单纯追求观点的质量，则容易拘泥于一个有创意的观点，不免有点吹毛求疵，导致大部分的时间用在这个观点的完善上，而忽视了其他观点的思路开发的可能。

（3）观点不可雷同，强调建立新观点。重复和模仿是很要命的障碍，思维在重复下会变得越来越懒散。要尽量将他人和自己的看法进行比较、融合，由此产生新的思维成果。

二、头脑风暴法的过程

头脑风暴法的过程包括准备阶段、热身阶段、明确问题、重新表述问题、畅谈阶段、筛选阶段六个阶段。

1. 准备阶段

策划与设计的负责人要事先对所议问题进行一定的研究，弄清问题的实质，找到问题的关键。设定解决问题所要达到的标准。同时选定参加会议的人员，一般以5～10人为宜，不宜太多。然后将会议的时间、地点、所要解决的问题、可供参考的资料和设想、需要达到的目标等事宜一并提前通知与会人员，让大家做好充分的准备。

2. 热身阶段

这个阶段的目的是创造一种自由、放松、祥和的氛围，使大家得以放松，进入一种无拘无束的状态。主持人宣布开会后，先说明会议的规则，然后随便谈论一些有趣的话题或问题，让大家的思维处于放松、活跃的状态。

3. 明确问题

不可过分展开想象力。主持人简要地介绍有待解决的问题，介绍时须简洁、明了，否则过多的信息会限制人的思维，干扰思维创新的想法。

4. 重新表述问题

经过一段讨论后，大家对问题已经有了较深程度的理解。这时，为了使大家对问题的表述具有新角度、新思维，主持人或记录员要记录大家的发言，并对发言记录进行整理。通过记录的整理和归纳，找出富有创意的见解，以及具有启发性的表述，供下一步畅谈时参考。

5. 畅谈阶段

畅谈是头脑风暴法的创意阶段。为了使大家能够畅所欲言，需要制定的规则是：第一，不要私下交谈，以免分散注意力。第二，不妨碍及评论他人发言，每人只谈自己的想法。第三，发表见解时要简单明了，一次发言只谈一种见解。主持人首先要向大家宣布这些规则，随后引导大家自由发言，自由想象，自由发挥，使彼此相互启发，相互补充，真正做到知无不言，言无不尽，然后将会议发言记录进行整理。

6. 筛选阶段

会议结束后的一二天内，主持人应向与会者了解大家会后的新想法和新思路，以补充会议记录。然后将大家的想法整理成若干方案，并根据需要进行筛选。经过多次反复比较，最后确定1～3个最佳方案。这些最佳方案往往是多种创意的优势组合，是大家集体智慧的结果。

案例 **案例 4-1**

盖英里公司是法国一家中小型私人企业，该企业主要生产电器。有许多厂家和它竞争市场。该企业的销售负责人参加了一个关于发挥员工创造力的会议后，大受启发，组成了一个十人小组进行了一次有益的创意活动。他把整个小组安排到了农村一家小旅馆里，并在随后的三天中，采取了一些措施避免外部的电话或其他干扰。第一天，全部时间用来进行议事训练，通过各种创造力训练，组内人员开始相互认识，他们相互之间的关系逐渐融洽，开始时还有人感到惊讶，但很快他们都进入了角色。第二天，他们便开始使用头脑风暴法解决问题。他们要解决的主要问题是：给新产品命名。经过两个多小时的激烈讨论后，他们共为其产品取了 300 个名字，主管将这些名字保存起来。第三天一开始，主管便让大家根据记忆，默写出昨天大家提出的名字，在 300 多个名字中，大家记住了 20 多个。然后主管又在这 20 多个名字中筛选出了 3 个大家认为比较可行的名字。再将这些名字征求顾客意见，最终确定 1 个。结果，新产品一上市，仅因为其新颖的功能和朗朗上口、让人回味的名字，就受到了顾客热烈的欢迎，迅速占领了大部分市场，在竞争中击败了对手。

三、头脑风暴法与创新思维

头脑风暴法有利于培养人们的创新思维，主要体现在：

(1) 联想反应。联想是产生新观念的基本过程。在集体讨论问题的过程中，每提出一个新的观念都能引发他人的联想，相继产生一连串的新观念，产生连锁反应，形成新观念堆，为创造性地解决问题提供了更多的可能性。

(2) 热情感染。在不受任何限制的情况下，集体讨论问题能激发人的热情。人人自由发言、相互影响、相互感染，能形成热潮。突破固有观念的束缚，最大限度地发挥创造性的思维能力。

(3) 竞争意识。在有竞争意识的情况下，人人争先恐后，竞相发言，不断地开动思维机器，力求有独到见解、新奇观念。心理学的原理告诉我们，人类有争强好胜心理，在有竞争意识的情况下，人的心理活动效率可增加 50%甚至更多。

(4) 个人欲望。在集体讨论解决问题的过程中，个人的欲望自由不受任何干扰和控制是非常重要的。头脑风暴法有一条原则，不得批评仓促的发言甚至不许有任何怀疑的表情、动作、神色。这就能使每个人畅所欲言，提出大量的新观念。

第二节　思维导图法

人类从一出生即开始累积庞大且复杂的数据库，大脑惊人的储存能力使我们累积了大量的资料，经由思维导图的放射性思考方法，除了加速资料的累积外，更多的是将数据依据彼此间的关联性分层分类管理，使资料的储存、管理及应用因更有系统化而增加大脑运作的效率。同时，思维导图善于开发左右脑的功能，通过对颜色、图像、符码的使用，不但可以增强我们记忆、激发我们的创造力，也让思维导图更轻松有趣，且呈现出个人特色及多面性。

一、思维导图的概念

以整合、发散性和有组织的方式学习与收集数据，将容易学习到更多。在现实中，人们常常强调这样的思维方式，即放射性思考，这种思维方式可以帮助人们由点及面、举一反三。但如何实现这种思维方式呢？思维导图法是一种有效的方法，它是放射性思考的外部表现。

思维导图可以应用于生活的各个方面，根据它改进后的学习能力和清晰的思维方式会改善人的行为表现。思维导图总是从一个中心点开始的，每个词汇或者图像自身都成为一个子中心或者联想，整个合起来以一种无穷无尽的分支链的形式从中心向四周发展，或者归于一个共同的中心。如图 4-1 所示，思维导图有四个基本的特征。一是注意的焦点清晰地集中在中央图像上；二是主题作为分支从中央图像向四周放射；三是分支由一个关键图像或者印在相关线条上的关键词构成，比较不重要的话题也以分支形式表现出来，附在较高层次的分支上；四是各分支形成一个相互连接的节点结构。

思维导图最突出的一个特点是它是一种图式笔记，与一般的线性笔记不同。思维导图可以用色彩、图画、代码和多维度来加以修饰，一方面使做笔记更加有趣，增强效果，以便使其更有趣味，更美，更有特性；另一方面也激活了处理图像的右脑，提高学习效率，增强创造力、记忆力，特别是有利于回忆信息。

案例 案例 4-2

波音公司

美国波音公司在设计波音 747 飞机的时候就使用了思维导图。据波音公司的人讲：如果使用普通的方法，设计波音 747 这样一个大型的项目要花费 6 年时间。但

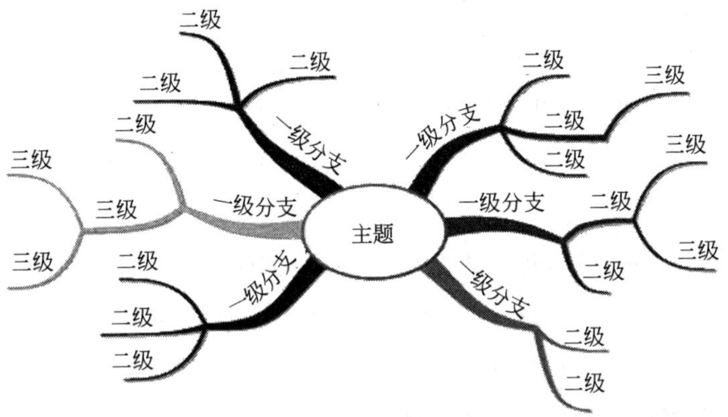

图 4-1 思维导图结构

是，通过思维导图，他们的工程师只使用了 6 个月的时间就完成了波音 747 的设计！并节省了 1000 万美元。

二、思维导图法的过程

步骤 1：写下中心主题——从图开始

从白纸的中心开始绘制，画一个独特且与所要表达的主题有关的图形。如果觉得这样的创作工作太过费神，也可以从其他地方找一个符合你想法的图形替代。花点时间来装点你的思维导图，并尽可能多地使用色彩，至少用三种颜色来画，让图形更具吸引力，重点突出，也更易记住。因为颜色和图像一样能让我们的大脑兴奋。越是独特的图形，越容易被大脑记住，这样，当我们回想时，就可以轻易地重现图的内容。中心主题不要用方框框起来，这样才能让我们自由地扩展分支。

步骤 2：扩展层次——延伸分支

思维导图的分支通常是放射式层级的。越重要的内容越靠近中心，由内向外逐渐扩展。画分支时通常从时钟钟面 2 点钟的位置开始，顺时针画。阅读思维导图自然也是从这个位置开始。

步骤 3：专注关键词——采摘智慧的果实

关键词通常是名词，占总词汇量的 5%～10%。我们使用思维导图比传统的用笔记词汇量要少得多，这意味着无论是记忆还是阅读，我们将节约 90%以上的时间。关键词用正楷字来书写，以便记忆时辨识，同时通过想象来帮助大脑将词汇“图形化”。

词汇写在线条的上面，每条线上使用一个单词或词语，这样可以触发更多的想象和联系。字体字形都可以根据需要多一些变化，这有助于我们按照一定的视觉节奏进行阅读，同时也有助于我们理解和记忆。

步骤 4：连线——记忆与联想的桥梁

连线与所写的关键词或所画的图形等长，太短显得过于拥挤且不美观，太长则浪费空间。保证每条连线都与前一条连线的末端衔接起来，并从中心向外扩散。如果连线之间不衔接，那么在回忆的时候，思维也会跟着“断掉”，从而导致记忆的断层。

连线从中心到边缘逐渐由粗变细，就像一棵树，树干比较粗，树枝比较细。从中心延伸出来的主干最好不要超过 7 个(大脑的短时记忆一次能记住 7±2 个信息片段)，因为主干过多不利于记忆，而且理解起来也很困难。

连线用较自然的波浪状分支，这样能向外引导我们的视线进行阅读。同时，使用曲线也能更有效地利用纸上的空间，可以让我们的眼睛感受线条或内容的视觉节奏，而不易造成大脑的视觉疲劳。

步骤 5：增加颜色——增加视觉节奏

每个人天生就喜欢色彩，我们生活的周围同样也是一个五彩缤纷的世界。与其用白纸黑笔写一些单调的文字，不如用最好的纸张、水彩笔或彩色铅笔来创作。可以到文具店购买不同的笔——油性笔、荧光笔、香水笔等用它们来标注我们的关键词，画不同的线条。不要小瞧这些小小的改变，不同类型的笔也能触发我们的记忆。

步骤 6：使用箭头和符号

思维导图是一种能帮助我们增强对事物理解的方法，使我们了解到信息是如何相互联系在一起的。普通和优秀、成功与失败的区别也就在于我们是否知道知识与事物之间的内在关联。

当同一个词汇出现在两个或更多的分支上时，说明这个词汇是一个新的主题贯穿在我们的笔记中。如果利用传统的线性笔记方式，就不容易发现。当我们发现一个单词出现在不同的分支上时，用一个箭头连接它们，这样我们的记忆也随之连接了。

步骤 7：利用感官技巧触发更多的记忆和灵感

闭上眼睛，做一个深呼吸，想象我们最喜欢吃的水果，它是苹果、橘子，还是菠萝？它是什么形状？什么颜色？用手触摸它的表皮时手有什么感觉？它闻起来是什么味道……

三、思维导图法与创新思维

思维导图以放射性思考模式为基础的收放自如方式，除了提供一个正确而快速的学习方法与工具外，运用在创意的联想与收敛、项目企划、问题解决与分析、会议管理等方面，往往产生令人惊喜的效果。它是一种展现个人智力潜能极致的方法，可提升思考技巧，大幅增进记忆力、组织力与创造力。它与传统笔记法和学习法有量子跳跃式的差异，主要是因为它源自脑神经生理的学习互动模式，并且开展人人生而具有的放射性思考能力和多感官学习特性。

思维导图为人类提供一个有效思维图形工具，运用图文并重的技巧，开启人类大脑的无限潜能。它充分运用左右脑的机能，协助人们在科学与艺术、逻辑与想象之间平衡发展。近年来在中国乃至世界，思维导图完整的逻辑架构及全脑思考的方法更被广泛应用在学习及工作方面，大量减少所需耗费的时间以及物质资源，对于每个人或公司绩效的大幅提升，必然产生令人无法忽视的巨大功效。

第三节　六顶思考帽法

从过去的经验中，我们创造出各种标准，并对每一种新情况做出判断，再划入相应的标准。这样的思维方式在一个稳定不变的世界中是行之有效的，在稳定不变的世界里,过去的标准一成不变,但是在变化着的世界里,以往的俗套就行不通了。事实上,我们需要的是开辟而不是止步不前,我们需要思考“能够成为什么”,而不仅仅是“是什么”。六顶思考帽法为我们解决这一问题提供了思路。

一、六顶思考帽法的概念

作为一种象征,帽子的价值在于它指示了一种规则。许多人爱戴的帽子,而帽子的一大优点则是可以轻易地戴上或者摘下,同时帽子也可以让周围的人看得见。正是由于这些原因,可以选择帽子作为思考方向的象征性标记。我们有六种颜色的帽子代表六种思考的方向,它们是白色、红色、黑色、黄色、绿色和蓝色。

白色思考帽:白色是中立而客观的。戴上白色思考帽,人们思考的是关注客观的事实和数据。

红色思考帽:红色代表情绪、直觉和感情。红色思考帽代表的是感性的看法。

黑色思考帽:黑色代表冷静和严肃。黑色思考帽意味着小心和谨慎,它指出了任一观点的危险所在。

黄色思考帽:黄色代表阳光和价值。黄色思考帽是乐观、充满希望的思考。

绿色思考帽:绿色是草地和蔬菜的颜色。代表丰富、肥沃和生机,绿色思考帽指向的是创造性和新观点。

蓝色思考帽:蓝色是冷色,也是高高在上的天空的颜色,蓝色思考帽是对思考过程和其他思考帽的控制与组织。

多年以来使用六顶思考帽的方法已经取得了越来越多的显著效果,主要表现在四个方面:一是效力。通过运用六顶思考帽,团队中所有人的智慧、经验和知识都得到了充分的运用,每个人都朝着同一个方向努力。二是节约时间。在水平思考中,每一时刻的思考者都向同一个方向看齐,所有的观点都平行排列出来。你不需要对最后一个人的看法做出回应,你只需要最后排列出你的观点。最后讨论的问题很快得到了全面的考察,由此可以节约大量时间。三是消除自我。人们总是倾向于在思考中维护自我,冲突和对立的思考加重了自我的问题,而六顶思考帽可以使思考者在每一顶帽子下面进行出色的思考，由此得出对事物的客观评价。四是一个时间做一件事情。六顶思考帽的方法要求我们同一时间内只做同一件事情。不同的颜色将彼此区分开来，一个时间用一种颜色，到了最后所有颜色的效果都会达到。

二、六顶思考帽法的过程

下面是六顶思考帽法在会议中的典型应用步骤：

(1) 陈述问题(白帽)。

(2) 提出解决问题的方案(绿帽)。

(3) 评估该方案的优点(黄帽)。

(4) 列举该方案的缺点(黑帽)。

(5) 对该方案进行直觉判断(红帽)。

(6) 总结陈述，做出决策(蓝帽)。

在运用六顶思考帽法时，必须时刻谨记以下几点要求，以便更好地使用六顶思考帽法。

(1) 纪律。讨论组的成员必须遵循某一时刻指定的某一顶思考帽的思考方法。任何一个成员都不允许随便地说："这里我要戴上黑色思考帽思考。"否则就意味着又回到争论的模式。只有小组的领导、主席或者主持人才能决定使用什么思考帽。思考帽不能用来描述你想说什么，而是用来指示思考的方向。

(2) 计时。时间短能促使人们集中精力解决问题，减少了无目的的耍嘴皮的时间，一般而言，每个人讲一分钟左右比较合适。如果在规定时间过后还有很好的意见被提出来，可以延长一点时间。在计时方面，红色思考帽与其他思考帽不一样。红色思考帽只需要很短的时间，因为表达人的情感并不需要很多的解释，人们对感觉的表达应该简单明了。

(3) 指南。六顶思考帽的序列使用并没有一定的模式，凡在合适你的情况下都可以使用。一般而言，蓝色思考帽在讨论开始和结束的时候都必须使用。用完蓝色思考帽以后需要接着用红色思考帽。这种情况下，一般是因为讨论组的成员已经对问题有了强烈的感觉，红色思考帽的使用在讨论一开始就有助于把每个人的感受表达出来。但是很多情况下红色思考帽并不适于一开始就使用。例如，如果老板首先表达了他的感觉，那么其他人就会趋于赞成老板。而如果讨论组成员事先没有对问题产生强烈的感觉，也不适宜先用红色思考帽，过早地询问人们对问题的感觉是没有必要的。在进行评估的情况下，有必要先用黄色思考帽，再用黑色思考帽。如果戴上黄色思考帽思考不能发现问题的价值所在，那么讨论就不需要再进行下去。另外，如果黄色思考帽指使你发现了问题的很多价值，那么再运用黑色思考帽来找出困难和障碍之所在，这时你就会被激励着去克服困难。

三、六顶思考帽法与创新思维

六顶思考帽法可以通过以下四个方面来激发人们的创新思维。

（1）培养不同的思考方式。人的思维有一些障碍和误区，很多都是由习惯性思维造成的。这种思考方式第一个好处就是能克服习惯性思维，培养不同的思考方式。例如有的人生性比较谨慎，比较保守，考虑任何问题都会从最坏的可能性着手，这样形成习惯性思维的话，他看任何问题都将是灰色的。六顶思考帽法就是要培养一种积极向上的创新的思维方式，这个思考方式是培养出来的，不是天生的。

（2）引导注意力。不同的人思考的方向会不同。六顶思考帽子法是一个集体性的思维，它最大的好处是引导注意力，使集体的思考注意力集中到同一个方向。

（3）便于思考。众人都朝一个方向思考，想的都是一件事情，这样既便于思考，也便于交流。因为一开始就是在一个方向上努力，所以关键是怎样在这个方向上把问题看深、看透。

（4）计划性思考，而非反应性思考。这完全是一个主动的、按照计划有所安排的思考，而不是碰到一件事后的突然反应。所以说，这种思考方式更适合于为了某一个事实或事件而进行群体性、小组性或集体性的思考。

案例　案例 4-3

办公室个人电脑速度缓慢的解决

蓝帽：目前办公用 PC 存在年限长、速度慢的问题，本次会议讨论解决方案，先用白帽介绍情况。

白帽：

(1) 随着软件的增多，占用的资源多，如 Mcafee 等，当前就要上的 AD 域，部分设备将不能满足(要求≥1G)，2008—2009 年都在 1G 以下。

(2) 设备的更新要大于 3 年，且实际的情况只能更新 1/3。

蓝帽：大家出出主意，怎么办？

绿帽：

(1) 根据设备折旧，是否可以调整设备折旧的期限。

(2) 是否可以采用笔记本代替 PC 机。

(3) 采取策略，每半年重装软件。

(4) 加装另一个硬盘，将 DS 装到这个新设备上。

(5) 采用虚拟化。

(6) 对人群进行分类、对发放策略进行调整。

(7) 采用新软件节省内存。

黑帽：现在笔记本更换预算不能达到。

蓝帽：这是黑帽，请先用黄帽进行讨论这些方案的可行性。

黄帽：

(1) 已进入新时代，笔记本是应该普及的设备，且更换设备端的配置将很好地满足需求。

(2) 配置升级、保护投资。

(3) 软硬件方面的调整，改善是最常用的方法，已在其他单位应用，效果不错。

蓝帽：现在讨论以上方法的局限性。

黑帽：

(1) 更换设备资金不足、不能满足需求；财务制度变革时间长。

(2) 目前使用统一软件，不是正版，统一采购的，在PC机上不能使用。

(3) 软件重装耗费时间太长，人员数量大，达数百人。

蓝帽：那么从目前看，解决方案主要集中在配置升级和调整配置策略，大家举手表决一下优先顺序。

红帽：表决顺序如下：

(1) 把少量更新换代机会给更需要计算速度的员工。

(2) 大部分员工利用硬件升级(加内存、硬盘)，延长使用寿命、节约成本。

(3) 定期重装DS和应用软件(如：一年左右)。

(4) 梯次更新。

蓝帽：本次会议经充分讨论，解答员工疑问，找出了确实可行具有高效可操作性的方法，顺利结束。谢谢大家。

【点评】

这是成功利用六顶思考帽的方法进行工作问题探讨和改进的优秀经典案例。在这个案例讨论中主持人(蓝帽)发挥了积极的作用：首先在序列的选择上非常得当，使得会议简捷有效；其次，在会议中及时纠正不当的发言(如：打断黑帽思考)，保证了思维的步伐；最后，结论很有使用价值。同时，参与讨论的人员在几个重点问题上讨论非常充分，体现了六顶思考帽法的优越性：白帽的数据很详细，绿帽的发散很丰富，黄帽和黑帽讨论充分。值得借鉴。

第四节　世界咖啡法

中国有句古语：三个臭皮匠，顶个诸葛亮。实际上，三个臭皮匠并不能变成诸葛亮，甚至还可能顶不上一个臭皮匠，就像另一句中国古话说的那样：一个和尚挑水喝，两个和尚抬水喝，三个和尚没水喝。三个臭皮匠和一个臭皮匠的区别在于，三个臭皮匠具有了“顶个诸葛亮”的可能性，但要真正变成诸葛亮，取决于这三个臭皮匠在一起，能不能用正确的方式讨论问题。

一、世界咖啡法的概念

世界咖啡法的主要精神就是“跨界”，不同专业背景、不同职务、不同部门的一群人，针对数个主题，发表各自的见解，互相意见碰撞，激发出意想不到的创新点子。世界咖啡法是由朱安妮塔·布朗和戴维·伊萨克提出的一种在轻松氛围中，透过弹性的小团体讨论，真诚对话，产生团体智慧的讨论方式。在讨论中，可以带动同步对话、反思问题、分享共同知识，甚至找到新的行动契机。

世界咖啡法以全新的角度把“对话”当作一个核心流程，团体和组织可以透过对话去改造周遭环境，催生出有助成功的必要知识。世界咖啡法让参与者从对个人风格、学习方式和情感智商所有这些我们惯用的评判人的方式的关注中解放出来，人们能够用新的视角来看世界。让人们进行深度的汇谈，并产生更富于远见的洞察力。

世界咖啡汇谈对下面这些情况尤其适用：

(1) 为了分享知识、激发创新性思维、建立社群、考究现实问题的可能性。

(2) 为了深层次地考察重要的机遇和挑战。

(3) 为了让第一次参加汇谈的人们能够进行真正的对话。

(4) 为了加深现有小组成员的相互关系和对结果的共同负责。

(5) 为了在观众和演讲者之间建立一种有意义的互动。

(6) 当小组的规模超过 12 个人时(我们曾经举办过多达 1 200 人的汇谈)，你要让每个与会的人都有机会发表他们的观点。世界咖啡法尤其适合于兼具小型团体中的亲密对话和大型团体中的分享学习的场合。

(7) 当你们的时间在一个半小时以上(最好是两个小时)时。一些世界咖啡汇谈可以持续几天或作为一些常规会议的铺垫。

世界咖啡法有以下七大原则：

(1) 明确汇谈内容。汇谈内容主要包括四大要素：①情景的职能。将环境、参考框架和周围的因素综合起来,有意识地创造灵活的界限,使群体的合作性学习得以呈现。②厘清目的,即理解当前的汇谈环境、探索自身的设计前提、明确汇谈"大问题"、厘清可能性的结果。③确定合适的参与者。④创造性地运用外在因素。外在因素是在设定情境中最重要的环节,比如确定学习方式、主题设计、邮件邀请、合适场地布置、相关的工具设备准备等。

(2) 创造热情友好的氛围。我们需要打破传统的会议坐听模式,要尝试去创造一个能来回走动、彼此交流、资源共享和互相帮助的实体空间,最后目的是将社交环境、信息空间与实体空间有序地结合起来,从而促进合作性的学习。

(3) 探索相关问题。在世界咖啡汇谈方式中,我们要用到促动技术,采取开放式提问方式鼓励大家深入思考问题,去探索大问题背后的每个小问题,去积极参与到实际的汇谈中,促使大家在自己熟知的问题领域内发表不同的意见,从中找出更好的解决办法。

(4) 鼓励每个人的投入/贡献。在世界咖啡汇谈的环境中,我们提倡的是一种和谐、平等、愉快的沟通模式,没有对错之分,我们需要鼓励每个组员分享自己的想法,并给予支持和肯定,然后汇集每个人的关键想法,做到知识的共享。

(5) 吸收多元文化,接受不同观点。世界咖啡法的特点是在桌子之间来回走动,和不同的人交流,把你发现的问题的精髓与不断扩展的更广范围内的人们的想法联系起来,新的模式、不同的视角不断形成,人们的见解和创造性的结合揭示出人们以前未曾想象过的方法。有时,要人们到处走动不太实际,但是这并不是说人们不能彼此交流想法。作为世界咖啡的主持人,你可以让所有的参与者在大一点的卡片上写下一条主要见解、观点或主题。每个人都往不同方向转身和桌子边的人交换一下他们的卡片,这样就让不同桌的汇谈见解得以随机交流。人们大声地读出他们收到的"礼物",这便提供一种思维的输入,以便进行下一个环节深层次的汇谈。

(6) 共同审议不同的模式、观点和深层次的问题。我们需要注意三个关键问题:①倾听什么,为什么要倾听;②视觉语言和共同聆听;③反思:一种与众不同的聆听方式。

(7) 收获、分享共同成果。收获、分享共同成果主要有以下三件：①主持全体汇谈。世界咖啡汇谈最后一轮的全体汇谈是收获并分享集体发现的关键时刻，旨在使汇谈能将知识串联呈现和分享给大家。②可改进型的反馈。在会谈后，要肯定汇谈中人员的表现，鼓励他们汇谈后的行动，对于挑战性任务的员工给予辅导，帮助将会议的成功落实行动。③持续的学习与传播发现。如果在会议中产生了好的想法，将这些观点用于公司的文化或者工作中，让每位员工得到知识的共享。在会议后做更系统的和整体的学习，归纳出会议的知识点。

二、世界咖啡法的过程

(1) 4～5 个人围坐在类似咖啡座的桌子旁，或围坐成一个谈话小组。

(2) 展开每次为时 20～30 分钟的渐进式谈话(通常为 3 轮)。

(3) 各小组同时开始探讨与工作、生活或社区密切相关的同样的话题。

(4) 鼓励各桌的桌主及成员们将讨论中出现的重要的想法、意见记录在桌布或铺在桌子中间的纸上。

(5) 完成第一轮讨论后，每桌请一个人留在原位做桌主，其余的人则做“旅行者”或者“意义大使”，将主要的想法、主题或者问题带到新的讨论中。

(6) 请桌主欢迎新来的伙伴，简单介绍刚刚讨论中的主要想法、主题及问题，并鼓励新来的朋友将这桌的想法与他们刚刚各自讨论的内容联系起来。大家要注意互相倾听，在各自的贡献上做更深入的思考。

(7) 几次讨论会将各种想法、主题及问题联系在一起。在第二轮讨论结束后，所有桌子讨论的内容都会和前一轮讨论的见识相互结合。

(8) 第三次的讨论，所有的人可以回到原位综合整理自己的发现，也可以转移到新的桌子继续讨论，留在座位上的可以是第一次的桌主，也可以是新的桌主。有时候，第三次讨论可以是一个更为深入探讨问题的新题目。

(9) 几次讨论之后，全体一起分享发现和各自的见解。在讨论中，相同的问题可以被确定下来，集体的智慧在成长，行动的可能性也涌现出来。当知道了会议的目的以及可用于会议的时间长度之后，你就能决定要讨论几次，每次讨论持续多长时间，怎样才能最有效地提出问题，以及最有趣地将想法与意见整合到一起的方式。

三、世界咖啡法与创新思维

世界咖啡法让参与者从对个人风格、学习方式和情感智商所有这些我们惯用的评判人的方式的关注中解放出来，使人们能够用新的视角来看世界，让人们进行深度的汇谈，并产生更富于远见的洞察力。

深度汇谈是所有对话者分享自己的意义，从而在群体和个体中获得新的理解与共识的交流活动过程。深度汇谈并不是去分析解剖事物，也不是去赢得争论，或者去交换意见，而是一种集体参与和分享。深度汇谈仿佛是一种流淌于人们之间的意义溪流，它使所有的对话者都能够参与和分享这一意义之溪，并因此能够在群体中萌生新的理解和共识。在深度汇谈进行之初，这些理解和共识并不存在。这是那种富于创造性的理解和共识，是某一种能被所有人参与和分享的意义，它能起到一种类似“胶水”或“水泥”的作用，从而把人和社会联结起来。

章末小结

(1) 创新思维开发工具根据使用的环境主要分为两种：一种是个人思维开发工具；另一种是集体思维开发工具。思维导图法适用于个人思维训练；六顶思考帽法既可以对个人进行思维训练，同时也适用于团体思维开发；头脑风暴法和世界咖啡法主要用于集体思维开发训练。

(2) 头脑风暴法能够快速显著地解决员工在工作中的实际困难以及提升员工的参与性，起到了团队合作的作用和效果。但在使用的过程中要注意头脑风暴法的三条原则：禁止批评，鼓励表扬；重在数量；观点不可雷同，强调建立新观点。

(3) 思维导图是放射性思考的表达，是从线性(一维)、横向(二维)到发散性或多维思考进程中的下一个步骤。并且在运用思维导图法时，要尽可能使用图像，而不是词汇表达思想。

(4) 六顶思考帽提供了"平行思维"的工具，避免将时间浪费在互相争执上。六种颜色的帽子代表六种思考的方向：白色是中立而客观的；绿色寓意创造力和想象力；黄色代表表达乐观的、满怀希望的、建设性的观点；黑色代表人们可以运用否定、怀疑、质疑的看法；红色代表人们可以表现自己的情绪；蓝色思考帽负责控制和调节思维过程。

(5) 世界咖啡法是一种新型集体研讨方法，让参与者针对特定的问题展开对话。一般 4～5 人，针对一个或多个主题，坐在咖啡桌旁促膝而谈。通过几轮的汇谈，除了桌主外，其他人均可在每轮时间截止时，自由选择其他组，参与交流。适合于兼具小型团体中的亲密对话和大型团体中的分享学习的场合。

参考文献

[1] [英]珀威茨·K.阿曼德，查尔斯·D.谢泼德. 创新管理——情境、战略、系统和流程[M]. 陈劲,等译. 北京：北京大学出版社，2014.

[2] 爱德华·德博诺. 六顶思考帽[M]. 北京：新华出版社，2008.

[3] 彼得·圣吉,郝耀伟. "世界咖啡"赠予的宝贵礼物[J]. 中国中小企业,2010,05：74-75.

[4] 蔡达菲. "世界咖啡"在银行人力资源培训中的运用[J]. 中国人力资源开发,2015,08：40-45.

[5] 陈劲，郑刚. 创新管理——赢得持续竞争优势[M]. 北京：北京大学出版社，2009.

[6] 陈劲,黄衡. 回溯创新：一类新的创新模式[J]. 科技进步与对策,2011,08：1-4.

[7] 陈劲,王焕祥,浙江大学公共管理学院浙江大学科教发展战略研究中心. 演化经济学：由经验实证走向逻辑实证[N]. 中国社会科学报,2011-06-23.

[8] 陈劲,朱凌. 面向创新型国家,推动中国工程教育改革[J]. 高等工程教育研究,2006,03：4-7,29.

[9] 东尼·博赞. 思维导图[M]. 北京：化学工业出版社，2014.

[10] 高倩. "世界咖啡式"汇谈在企业决策中的应用——以K企业为例[J]. 中国石油大学胜利学院学报,2015,03：91-94.

[11] 郭福平. 世界咖啡汇谈在课程教学改革当中的探索与实践[J]. 教育教学论坛,2015,33：143-144.

[12] 杰森·R.瑞奇. 头脑风暴[M]. 北京：金城出版社，2009.

[13] 况姗芸,周国林. 利用"六顶思考帽"促进BBS研讨的实证研究[J]. 现代教育技术,2010,01：101-104.

[14] 李猛，龙潇. 思维导图大全集[M]. 北京：中国华侨出版社，2012.

[15] 林泉. 品尝变革,从"世界咖啡"开始[J]. 新远见,2013,07：81-84.

[16] 钱程. 六顶思考帽在建设高层次人才薪酬环境中的应用研究[J]. 中国市场,2013,09：28-29.

[17] 田本. 总裁室的头脑风暴[M]. 北京：华夏出版社，2003.

［18］ 魏传贤．创新思维方法培养[M]．成都：西南交通大学出版社，2006.

［19］ 吴正豪．图解大脑使用手册　思维导图[M]．北京：中国纺织出版社，2012.

［20］ 朱安妮塔·布朗，戴维·伊萨克．世界咖啡：创造集体智慧的汇谈方法[M]．北京：电子工业出版社，2015.

［21］ 朱朝晖,陈劲.3M公司之全球创新[J].研究与发展管理,2005,02：1-6,27.

第五章

制定创新战略

学习目标：了解创新战略的基本内容；创新战略制定的内外部因素以及创新战略中的风险管理与风险态度；学会制定创新战略。

第一节　创新战略的选择

要清楚地知道你的企业如何创新。在这方面没有一个可供选择、通用的战略菜单。每个企业的管理团队都应根据实际情况，制定自己的创新战略，并选择合适的时间来实施。创新战略应有利于经营战略的实施，并应根据经营战略和竞争环境来安排创新工作的数量和创新方式（渐进式、半突破性或突破性创新）。创新的时机很关键。让全体员工了解创新战略也是至关重要的，因为如果不清楚创新战略的内容，主要的战略执行者就会步调不一致，这样就无法实现成果创新。

一项调查显示，一些企业之所以能比其他企业获得更为显著的创新成果，是因为它们更热衷于创新。但是，仅有热情是不够的，还应制定切实可行的创新战略。根据资源投放的集中度和分散度，我们将创新战略分为两类：必胜战略和不输战略。

一、必胜战略

必胜战略的目标在于获得无法被竞争对手轻易、迅速模仿的极为重要的竞争优势。采用必胜战略的企业首先应该明确：我们对创新进行投资的目的不是获得短期竞争优势，而是使企业成为市场领导者，获得长久战略优势。必胜战略侧重于半突破性创新的战略，该战略可以改变整个企业，并且生产可以改变市场的创意和产品。采用必胜战略的企业工作重点是将新的技术或商业模式推向市场。坦白地说，它们的全部家当就是一项新技术或新的商业模式，它们将全部希望都寄托在这上面。采用这一战略的小企业的失败率极高，这说明采用这一战略的风险极大。这些风险取决于能否开发出可以产生价值的技术，是否可以开发出适用于这些技术的市场，管理者能否实施好这一战略。另一个导致其失败的原因是，它们只对一两项创新进行投资，而没有对创新组合进行投资，这使它们的必胜战略极具风险性。

最初采用必胜战略的网络公司为我们提供了很多成功和失败的案例。网上货车公司（Webvan）就是一个失败的案例。该公司筹集了 7 亿多美元的资金，但是，为了采用一项新技术创建一个新的商业模式，该公司在不到 4 年的时间里将这笔资金全部耗尽，该公司的想法是用网络取代超市，让消费者可以像在超市里那样在网上挑选商品，它再将产品送到消费者的家中。该公司采用的技术是一种网络软件，当时该技术尚不成熟，它还不能算是最新的技术。在创建商业模式时，它认为新的商业模式可以改变人们的购物习惯，消除商品占用货架的费用，使集中仓储的费用变得更低。该公司面临极大的风险，因为它所采用的技术，特别是商业模式都是新的，但是回报也是很高的，最高的市值曾达到 88.1 亿美元。尽管公司有着明确的必胜战略，还是在 2001 年 7 月结束了自己的业务。

与此相反，同样采用必胜战略的亚马逊公司就获得了成功。亚马逊公司也采用了新技术与改变了消费者的购书习惯和图书供应链的新的商业模式，所以它也面临与网上货车相似的风险。亚马逊采用了一种销售图书的“最佳方法”，而在 20 世纪 90 年代初，各个种类的图书都是被一起出售的（因为不可能做到只配送一种图书）。该公司至今仍得益于这一流程方面的创新。它也是通过必胜创新战略来占有市场的，但它能够借助这一战略创造出一个通过网络销售图书和其他商品的成功的商业模式。

多数的老企业不需要像新企业那样孤注一掷。庞大的资源优势使得它们可以投资于创新矩阵中的各个方面，从而有效地降低风险。很多大企业（如通用电气、苹果电脑和索尼等公司）都会根据企业的整体战略来制定明确的必胜战略。为了通过不断创新来推动企业各项业务的发展，它们会投资于创新组合。丰田汽车创新的精益制造和所推出的普锐斯牌汽车就是必胜战略的产物。

对于多数企业来说,在某些时刻采用必胜战略是一种很不明智的做法。当时的内外部环境可能会使采用这一战略的风险变得很大。有时候,采用不输战略会更有利,因为企业可以通过大量的渐进式创新在适当的时机超过竞争对手。

二、不输战略

有时候,不尽如人意的内外部环境,例如,外部竞争激烈或具有极高的不确定性(如有很多强大的竞争对手、政策法规,以及由于法规的变化和经济的不明朗而导致的极高的不确定性),使得企业无法采用必胜战略。这时,应采用不输战略。同样,如果企业内部具有明确的局限性(如缺乏足够的资源和创新文化),采用必胜战略也不是明智之举。在这种情况下,采用必胜战略的成本和风险可能高于其所带来的收益。

采用不输战略的企业通常会进行比采用必胜战略的企业多得多的渐进式创新,目的是可以快速但不至于太冒险地与竞争对手并驾齐驱,甚至超过它们。强生公司就很擅长采用不输战略,具体的方式为拓展产品线,降低成本,以及收购。在没有很多优势产品时,它会以不输战略来控制竞争态势,直到有利于它的时机出现。现代集团最初采用的也是不输战略。

有时候只借助不输战略而不采用必胜战略,企业也能成为行业领导者。采用不输战略的企业所处行业的分散程度通常很高,鲜有技术创新和商业模式创新。在这种环境下,成功的企业往往是以不断地进行技术和商业模式的渐进式创新来击败竞争对手的。采用不输战略成了这种行业的一种定式,所以处于这种行业的企业就像是在跑马拉松,胜利者是那些能够坚持、不断创新的企业,而不是那些有爆发力的企业,或许这样的企业也会投资于半突破性创新,但其投资的目的不是采用必胜战略,并依靠突破性创新来改变整个行业。

但是,采用不输战略的企业也会面临很大的风险。如果他们想从采用不输战略转为采用必胜战略,并将精力放在半突破性创新和突破性创新上,将会对竞争对手有利。一旦他们决定这样做,将会缺乏进行半突破性创新和突破性创新的能力,以及缺乏在新的环境中竞争的能力。还有一种危险是,认为自己所采用的不输战略是行之有效的。美泰公司(Mattel)就有过这方面的教训,2001 年推出的"闪电小天后"(Bratz)洋娃娃品牌(由 MGA 娱乐公司生产)使美泰生产的芭比娃娃的销量大幅下滑。

环顾某个行业,你会发现那些采用不输战略的企业似乎都是为了规避风险,所以不愿意第一个将风险极大的半突破性或突破性创新成果商业化。其实,这并不是这些企业的管理者的初衷。有时,企业之所以会采用不输战略,是因为管理者没有明确的必胜战略。于是,采用不输战略就成了在企业中无法就如何才能获得成功达成共识时的一种妥协。这种妥协似的做法是极其危险的,因为这会降低战略实施的有效性。如果员工们不清楚战略意图,就无法高效、快速地去执行。所以管理者的任务就是制定明确的战略,并在企业内部广泛宣传。

有时人们会认为不输战略就是"紧跟者"战略,这种观点是错误的。不输战略不仅限于紧紧跟随竞争对手。要想通过采用不输战略获得成功,就要采取主动出击和迅速回击的组合方式,只有这样,才不至于损耗自己的优势,让竞争对手得到更多的好处。所以,在采用不输战略时,不应采取以下做法:将全部精力都放在"跟随"上,以致最终不再想参与竞争,创新能力也所剩无几。此外,因为只想着紧跟,无意中放弃了很多创新机会。而那些善于紧跟的企业通常会比创新企业更成功,因为他们会利用自己能够快速模仿的能力,迅速地紧跟创新企业,并利用这些创新企业在诸如营销、分销、产品研发或流程技术等方面的优势,击败创新企业。

近年来,美国电力行业的竞争和法规环境使得电力企业不得不采用不输战略。20 世纪 90 年代,很多电力企业都试图进行创新,但是急剧变化的法规环境以及创新企业的失败使主要的电力企业不得不采用不输战略。在过去的五年甚至更长的时间里,主要的电力企业所采用的都是不输战略。

后来,电力行业发生了重大变化,一些企业开始考虑转为采用必胜战略。例如,安特吉公司(Entergy)的前任 CEO 约翰·怀尔德(John Wilder)于 2004 年初成为得克萨斯公用事业公司(TXU)的总裁兼 CEO。在对投资人所讲的一番话里,他强调说得克萨斯公用事业公司采用不输战略的日子已经结束,他的目标是要让该公司成为行业领导者。紧接着，像联合能源集团(Constellation Energy Group)、领土资源公司(Dominion Resources)、桑普拉能源公司(Sempra Energy)和英国煤气(Centrica)这样的企业的CEO们也纷纷树立了新的目标，并转为采用必胜攻略。

对于该行业的其他企业来说，如何应对这些主要电力企业转为采用必胜战略的局面，成了它们必须面对的主要问题之一。如果这些企业不能迅速地转为采用不输战略，或者缺乏安全地转为采用不输战略的能力，就会陷入不输战略的陷阱，此时选择采用不输战略固然是一个明智的选择，但如果被迫采用不输战略，那将意味着管理上的失败。

在另一个能源行业中，主要的石油企业在2003—2004年开始减少它们在开发新油田方面的投入。世界最大的能源集团埃克森美孚(Exxon Mobil)的CEO李·雷蒙德(Lee Raymond)说，他相信世界最大油田的绝大部分都已被开发了，剩下的投资机会要等到俄罗斯、伊拉克和利比亚的政治问题得到解决后才会出现。石油开采正在减少的现实使像哈里伯顿(Halliburton)和斯伦贝谢(Schlum-berger)这样的以石油服务行业为主的企业不得不对其创新战略重新考虑：此时是采用必胜战略的恰当时间吗？

当这两家大企业和规模次之的企业都在考虑这一问题时，该行业中诸如威德福(Weatherford)和BJ Services这样的小企业也在为此抉择：对于小企业来说，此时是否应当采取必胜战略，从而使企业得以发展成为行业领导者？在2005年做出的这些战略决策将会影响到未来几年石油服务行业的发展。

除了电力和石油服务行业之外，很多其他行业的企业也面临该在何时转为采用必胜战略的抉择。例如，生产个人护理产品的企业一直都在为企业的生存而努力，整个行业都因采用了不输战略而陷于困境。很多企业关注的是降低成本并通过渐进式创新增加销售额和利润。像萨特健康中心(Sutter Health)这样的一些企业的财务状况得到了明显改善。于是，一些盈利企业决定采用必胜战略，因为它们认为，这是个获得竞争优势的好机会。由于该行业的几个重要企业决定转为采用必胜战略，因此该行业的竞争态势可能会发生重大改变。

案例 案例 5-1

依靠不输战略击败必胜战略的案例出现在 20 世纪八九十年代的美国婴儿尿片大战中。金伯利和宝洁以及很多小型的独立制造商并不具备霸占市场的能力，尽管它们希望做到这一点。金伯利的 CEO 达尔文·史密斯(Darwin Smith)一直致力于为顾客创造价值，而最早的婴儿尿片制造商之一的宝洁却始终在为保持自己领先的市场份额和利润而努力，并为此做了大量的创新投入，借以告诫竞争对手，其地位是不可撼动的。

虽然金伯利无法依靠资源占据市场(它不可能比宝洁投入更多)，但并未退却，而是对宝洁的每一个创新举措都发起了挑战。有时，该公司甚至前行一步，推出备受顾客青睐的产品(如练习用纸尿裤)。而在其他时候，它借助相似的或改进的特点及功能(如将婴儿尿片做成男婴用、女婴用两种)，迅速而高效地应对宝洁的创新。就这样，金伯利采用主动出击和积极回应相结合的不输战略，始终未让宝洁占领市场。现在婴儿尿片大战已不再激烈，但硝烟并未散去。金伯利和宝洁仍在厮杀着。

(案例来源：托尼·达维拉，等. 创新之道——持续创造力造就持久成长力[M]. 刘勃，译. 北京：中国人民大学出版社，2007.)

通常情况下，企业是采用必胜战略还是不输战略，并不完全取决于内外部因素，还需要考虑一些介于内外部之间的因素。

第二节 影响创新战略选择的因素

面对快速发展的经济，任何商业模式和战略总是显得有些过时，因此企业应该随时调整其创新战略，以更快的速度制定战略。影响企业进行创新战略选择的因素有很多，包括内部因素与外部因素两类(见表 5-1)，这些因素共同决定着企业的创新战略选择。为更好地阐述内外部因素对企业创新战略选择的重要意义，本节中企业创新战略采用新的分类方法，即根据对资源的利用方式分为资源利用战略和资源获取战略。资源利用战略一般针对企业在市场上推出新产品或新服务。上一节中的必胜战略即一般意义上的资源利用战略。而资源获取战略的目标在于企业获取其本身所不具备的技术和能力,其中,不同企业间甚至跨国的技术采购以及企业技术合作都属于资源获取战略。资源获取战略可视为不输战略的重要组成部分。

表 5-1 选择创新战略时应考虑的因素

内部因素	外部因素
技术能力	外部网络的能力
组织能力	产业结构
现有商业模式是否成功	竞争态势
资金	技术更新的速度
高层管理者的愿景	

一、内部因素

内部因素包括如下几个方面:

1. 技术能力

技术创新的多少取决于企业现有的或可以通过其网络获得的技术能力,如果一个企业只拥有营销能力,且一直都在进行渐进式创新,那么它在转为进行半突破性创新时将会面临很多问题。企业的技术资源水平越高,越有可能同时采取资产利用战略和资源获取战略,即混合型战略。一般情况下,高新技术企业在竞争激烈的市场环境中生存主要取决于自身的创新能力,因此进行大量研发投资的企业更有可能在创新和技术突破方面参与竞争并获得竞争优势。研发投资会增加企业选择资源利用战略的可能性。另外,对知识创造和开发新产品非常积极的企业更有可能成为其他企业的合作伙伴,从而实现双向知识转移,企业从合作伙伴处获得的任何知识都有可能增加自身知识的多样性和加快知识的更新速度,从而提高企业的知识创造和创新能力。

2. 组织能力

能否进行创新还取决于企业是否具备进行创新的组织能力,如果不具备组织和管理能力，就不可能进行突破性创新。企业的组织能力越强，越有可能采用资源利用战略。企业内部利用一系列复杂的组织技术，如质量管理系统、准时生产、持续改进、质量圈或质量小组、内部生产手册等，有助于企业的价值链管理，而价值链管理可以帮助企业建立成本优势，包括组织生产体系在内的组织层面。一系列“好的实践”不仅能够指导管理者实现高效率的生产，还有助于企业创新。复杂的组织技术或组织能力，有助于企业在运营过程中有效协调和管理相应的知识，帮助企业实现成本及产品或服务创新方面的竞争优势。

3. 现有商业模式是否成功

有很多关于成功企业在进行创新时遇到困难的记录，其中经常会提到核心能力往往会变为核心阻力，现有的商业模式越成功，进行创新的阻力就越大。

4. 资金

进行创新需要足够的财力，但是具备过多的财力与具备过少的财力同样危险。如果资金不够充裕，企业就会仔细规划并在进行大规模投入之前认真测试商业模式。因此可能因为较差的风险承受能力而选择放弃更大程度上破旧立新的项目。而具备过多的财力可能带来盲目投资无用创新项目的风险。总体而言，充裕的财力会使企业同时采取资源利用战略及资源获取战略，即混合型战略。

5. 高层管理者的愿景

高层管理者们应该担当起制定并改进企业创新战略的职责。激进的管理者倾向于采取资源利用战略，以求获得新产品市场。反之，保守型管理者倾向于采取资源获取战略，以达到稳中求进、降低风险的战略目标。

二、外部因素

除了内部因素以外，外部因素也是在选择创新战略时应当考虑的因素。

1. 外部网络的能力

可以接触到相关能力这一点很重要，开发新技术和新的商业模式通常需要与具备互补性资源的其他企业共同合作。因此，需要构建一个可以触及企业内外部的网络。创新战略的实施越来越取决于企业是否具备可以与合作伙伴持久联盟的能力。组建或参与一个组织完善的外部网络，横向或纵向产业链上的不同企业相互交流，更有利于个体企业资产获取战略的实施。

2. 产业结构

通过对行业的认真分析可以发现进行创新所面临的主要障碍和机遇，了解行业的供应链情况，分析企业及其成为主导企业的原因、进入壁垒，对于创新战略的制定是十分重要的。对于产业结构较为完善、进入壁垒高的相关产业，相关企业采取资源获取战略更有利于保持其市场地位。而对于进入壁垒低、产业结构仍在发展构建的产业，相关企业更应该采取资源利用战略，尽早获取市场优势，占据有利地位。

3. 竞争态势

你的企业以及你的竞争对手的创新质量和速度，将决定市场今后的发展情况。你的企业可能已经占据了十分有利的地位，但是竞争对手会进行创新，新企业也会进入，一些有用的问题包括：你的竞争对手所采用的战略是否足以让你考虑采取资源利用战略？采用资源获取战略是否要更好一些？如果你的企业没有一位创新领袖，是否可以聘用一位外部人员？

4. 技术更新的速度

今天的技术越来越先进了，产品的生命周期越来越短了。如果你的产品正在被新产品取代，应该在你的产品被淘汰之前发现其中的变化，进而采取资源利用战略，开发新产品，在新产品市场中占据有利地位。有时，能够长时间生存下去的产品会使得生产企业对新趋势视而不见，这样的企业最终会被竞争对手赶超。

应该针对以上因素不断更新、改进你的创新战略，但是好的战略是没有定式的，因为虽然企业的竞争环境可能是相同的，但是每个企业都有其独特性。对于一个企业可能是威胁并导致其采用资源获取战略的因素，而对于另一个企业来说可能意味着机会。

案例 案例 5-2

腾讯：开放平台战略

主要创新点：基于“顾客资产”的平台战略，创造“共享”价值，做互联网企业的“水和电”。

核心逻辑：开放7亿多用户，供第三方接入，腾讯客户流量给第三方带来生意，腾讯参与利润分成。腾讯正转化为中国互联网企业的“水和电”，用马化腾的话来讲——腾讯过去的梦想是打造“一站式”互联网平台，现在是打造开放共享的互联网新生态，不再复制新兴公司做“创业者公敌”。

创新概述：“3Q大战”之后，腾讯彻底反思，决定寻求一条既能抓住互联网机会，又在整个行业生态链产生共赢的战略。2011年，腾讯引进内外部专家，讨论并确定开放平台战略，将腾讯利润扩展放在“深化现有客户资产”，而非过去的做广新兴业务上。腾讯利用7亿多用户，与第三方建立合作、共享、分成平台，提出“一站式接入、多平台发布”的承诺，整合包括朋友网、腾讯微博、QQ游戏、QQ空间以及Q+在内的五大核心平台，发布跨平台应用中心，在用户、技术和经验上为第三方应用开发者提供强力支持。

腾讯的开放平台拥有四大优势：第一是流量；第二是用户账户资源可用于“连接空间”等服务，可用QQ账户登录不同网站，这会给合作伙伴带来大量用户；第三是社交网络使信息可以多次传播，为合作伙伴提供额外的影响力；第四是腾讯能为收费应用提供更好的收入机制。腾讯开放平台的“跨平台一体化”机制不仅能大大提升用户对应用的黏性和好感度，还可带来大量新增用户，更有利于增强应用的综合实力和商业价值。2011年10月，腾讯开放平台推出社交广告系统，开启了开发商自助营销时代，社交广告上线仅3个月，即为电商贡献了上亿的月度销售额。

风险与挑战：开放平台下腾讯变成了客户流量的“驿站”，如何与第三方形成一个良好的利润共享与分成机制，会不会“店大欺商”(变成和线下的家乐福一样)，还需要不断地实践探索。在APP流行时代，只要第三方操作得好，很可能客户仅经过此

“驿站”直接认识商家，装上一个直接到达其端口的APP。“驿站”如何能用“共享”的理念形成多方共赢，还有待挖掘。

（百度文库案例改编，原案例 https：//www. baidu. com/link? url = NpuxcsBW5y6bZFVS3hedEnkHOErroObOiOLNBTh73HS17j4N4igKBmwaqyMlhdbvy5 gIjpegUdPpocLsTmZW2K&wd=&eqid=e2106 fbf00014298000000657e23da9）

第三节　创新战略与风险管理

创新离不开风险，因此，做好风险管理，风险规避准备是创新过程管理的关键。进行何种创新决定着需要管理何种风险，应该通过风险管理流程将企业所面临的风险降到最低限度。

一、创新战略中的风险识别

创新风险是指技术创新过程中的不确定事件或条件，它的发生将对创新项目的目标产生积极或消极的影响。可能产生积极影响的事件称为机会，可能产生消极影响的事件称为威胁（或危机）。企业如果不能识别出不确定的事件或条件，对创新项目的风险的后续分析和采取对策也就无法进行。风险识别是风险管理中的第一步，也是一项具有强大挑战性的任务，对风险的识别是一种对将来不确定事件的预测，任何企业都不可能识别出100%的风险。但企业可以运用各种方法，包括专家评审法、头脑风暴法、模拟比较法、检查单法、顶层风险矩阵表等方法来帮助自身尽可能完全地识别风险。本书将企业创新风险归纳为战略层次（决策风险）、组织层次（组织风险、资金风险、信息管理风险、企业文化风险、外部环境风险）、项目层次（技术风险、市场风险），共三层八类。

1. 战略层次

战略层次的风险指决策风险。企业决策者可能决策失误。技术创新是关系全局的活动，对决策者提出了很高的要求。决策者如果缺乏长远的眼光和全局性观点，有可能进行错误的技术创新决策。如选择了错误的战略类型，或技术创新项目与战略定位不相符，或战略时机把握不准，面临潜在机会但退出市场从而错失可能的巨大利润，等等。战略层次的风险具有全局性，因而无论是危险还是机会，其结果都会使损失或利润得到放大。

2. 组织层次

组织层次的风险因组织机构、规模、所处环境、管理成熟程度的不同，可分为组织风险、资金风险、信息管理风险、企业文化风险和外部环境风险。

(1) 组织风险。企业的组织结构可能不适合技术创新。适合的组织结构可以使创新所需的各种资源进行适当的组合，从而使创新活动顺利进行；而散乱的组织结构会导致职责不清、内部消耗严重从而使创新活动缺乏必要的资源，最终导致创新失败。组织结构可能僵化。新的产品或服务进入快速成长期后，企业规模可能高速扩张，对人员、设备、原材料、分销渠道等都有增加的要求，如果组织结构过于僵化，不能适应快速发展的要求，整个企业的支撑架构出现超载现象，就有可能导致成本过高、人员素质降低、质量不能满足要求、财务控制失控等现象。决策权可能过于分散。企业在迅速增长期之间或之后，企业高层领导由于精力有限或时间有限而授予下一级经理极大的决策权，而自己只关心资源分配、目标设定、业绩评估等问题，此时非常容易由于下一级经理缺乏全局观、各自为政而单独行动，给企业带来巨大的风险。

(2) 资金风险。企业可能因没有能力或计划不当而不能在技术创新的各个时段及时供应资金。创新项目计划期间，如果资金供应不足可能会导致根本无法立项或仓促立项。仓促确立的项目如是错误的项目，企业的损失将无法弥补。技术创新项目进行期间，资金供应不足会导致设备、原料的不足甚至关键技术人员的流失，从而导致项目流产，前期投入无法收回。在新的产品或服务投入生产期间，资金供应不足会导致生产设备、原材料、人员的缺乏或工艺的不相称，从而导致生产规模不够、单位成本上升或产品质量的下降。在创新成果引入市场期间，资金供应的不足则可能导致市场引导的不足从而无法开辟、扩大市场，使得无法获取利润甚至不能回收创新成本。

(3) 信息管理风险。对外部信息的收集不足。企业如缺乏必要的人员或组织设置,或已设置的人员组织的能力不足,对顾客要求和科学技术的发展等外界信息缺乏足够的收集和分析,企业将无法确立创新项目或立项不准确,从而带来严重的后果。内部信息沟通不畅。创新过程中,各种信息的复发性不断增加,传递速度也越来越快,在市场—研发—生产—市场过程中的任一环节中和各环节间如果信息沟通不畅,则可能导致最终的创新失败。信息管理系统能力不足。如果企业创新成果成功引入市场而使企业高速成长,但未对企业原有的信息管理系统进行改造,原有信息管理系统则可能不堪重负,经营风险必随之而至。

(4) 企业文化风险。组织的惰性过大。在有些企业中,员工不喜欢变革,不肯放弃原有的技术和设备,不肯学习新的技术。技术创新过程中可能阻力重重,甚至可能因此而搁浅。企业内部竞争压力过大有可能产生不利影响。某些企业的领导者相信通过竞争可以优胜劣汰。但过于激烈的内部竞争必然会对员工产生压力,员工可能会因为怕影响在公司的报酬与前程而不惜一切代价获得成功,即使有时做法有悖于职业道德准则。同事之间也将由于感觉到危机四伏而不再相互分享信息,从而阻碍了内部信息流通,最终导致创新项目的失败。成功的领导者可能会不自觉地养成一种不再愿意听坏消息的习惯,那些直言项目存在的困难、潜在危机的人将被视为缺乏勇气的悲观主义者。通常情况下,员工将学会不再向高层传递与创新项目危机有关的信息,从而无法得到正确的决策和来自高层的支持,最终导致创新项目的失败。

(5) 外部环境风险。宏观政治、经济环境的变化,如通货膨胀、财政金融政策的变化,可能会引起相应的资金风险。法律法规有可能变化。新的法律法规如环保、质量法规的发布可能会使新产品无法继续生产或新工艺不能继续采用,从而使整个创新项目失败。自然灾害的发生。地震、洪水、战争等不可抗力的发生给技术创新项目带来的风险无法回避,但企业可以通过保险等方式进行风险转嫁。

3. 项目层次

(1) 技术风险。新技术可能不成熟。由于新材料和新方法的采用,或新技术被证实的程度不足,或新技术所要求的产品规范还未开发,导致不确定性增加,从而导致风险的增大。新技术很可能不成功。由于技术人员技术能力的不足,或企业现有整体技术水平不能完成新技术所要求的所有运作环节，便可能导致创新项目终止或延迟。技术转移可能不成功。某些企业采取引进新技术方式以弥补自身技术能力不足的缺点或缩短创新周期，但在从供给方到企业（接受方）的转移过程中，由于技术本身不成熟或技术供给方的供给能力不足而导致转移失败。新技术可能被模仿或被其他新技术替代。高新技术的发展日新月异，如技术本身领先程度不高，可能较容易被竞争者模仿，或被更新的技术替代甚至淘汰。新技术可能与现有生产能力不相容。如新技术与现有技术差别较大，生产设备、生产工艺及生产能力可能不满足新技术的要求，从而导致不能投入生产。新技术要求的原材料可能不可得。新技术要求的原材料或新部件市场上无法取得，供应商无法在一定时期内提供。

(2) 市场风险。市场可能不接受或晚接受新产品或服务。新产品或服务投入市场后，由于市场引导或宣传的不足，顾客可能会持怀疑态度甚至否定新的产品或服务。即使进行了充分的市场引导，由于新产品/服务的推出时间和有效需求产生时间存在一定时滞，如时滞过长将导致研发资金回收问题。新的市场还未形成，产品可能难以找到确切的用户。企业可以确认有顾客对此类产品或服务有需求，但无法很快了解确切的用户是谁及用户在哪里，从而导致无法尽快确定营销策略以获取利润。市场规模不确定。有时新产品/服务的市场需求已显现出来，但无法预测市场需求的规模，从而可能导致错误的生产及营销策略。市场成长速度不确定。在新产品生命周期的导入期，企业很难预测市场在何时成长以及成长速度如何，如成长期和成熟期短于预期长度，可能导致无法获取应有的利润，甚至导致创新项目的亏损。市场竞争激烈程度不确定。企业很难估计竞争者将采用何种竞争手段与新产品或服务进行竞争。如果竞争过于激烈从而导致价格不能达到预期水平，企业将很难达到预期利润。

案例 案例 5-3

Fruit of the Loom 程序革新中的资产组合管理

Fruit of the Loom 是一家服装制造企业，它使用一个资产组合结构，来检验自己在世界范围内的流程创新活动，用它来提供一个更加清晰的全局观和发展点。企业使用了简单的分类：

增加的，指实际上持续增长的项目；

根本的，指使用相同的基础技术，但具有更先进的执行；

基础的，指使用不同的技术，如激光切割代替机器切割。

绘制一个简单的涂色的泡沫表，对于企业在资产组合方面的战略创新，可以有一个迅速而又易于理解的全局观。

（案例来源：oke，人事交流，2003。）

二、创新战略中的风险管理

创新并不必然代表着成功，也在一定程度上代表着失败，即创新存在一定的风险。由于受到大量内外部因素影响，如存在不确定性的外部环境因素、企业或者创新研究机构自身创新能力的不足、创新项目自身的复杂特征或者研发难度，使得创新项目没有实现既定目标或者有失败的可能性，即创新风险。创新战略的不合理会加大创新风险，人为提高创新失败的可能性。然而，再有效的创新战略也不能消除风险，只会降低其发生的概率。

因此，当决定要采取何种创新战略时，会迅速联想到风险管理。良好的风险管理会使得企业通过及时识别相应变化，调整战略，进而规避风险或减少风险损失。如若竞争环境发生突变，那么进行渐进式创新就会变得十分危险，增大风险发生概率。如果突变不是最近的事，那么加大突破性创新的力度会带来更大的风险。因此，采用必胜战略比采用不输战略所面临的风险更大，因而进行更多的半突破性创新和突破性创新。

旨在统领和改变整个行业的企业会对半突破性创新和突破性创新做大量投入，因为它们想借助技术和商业模式创新来创造价值，成为行业领导者。但是为了降低风险，这些企业也会进行足够多的渐进式创新，成为紧跟者。为了应对竞争对手的反应，苹果电脑公司在进行了包括 iPod 和 iTunes 在内的突破性创新之后，进行了一系列渐进式创新，推出了迷你 iPod，并与惠普分享 iPod 技术，从而有效地阻止了模仿 iPod 的低端产品和索尼公司、微软公司提供的网上音乐产品的侵入。

进行何种创新决定着需要管理何种风险。应该通过风险管理流程将企业所面临的风险降到最低限度。

案例 案例 5-4

摩托罗拉陷入战略迷途

摩托罗拉在中国的市场占有率由1995年60%以上跌至2007年的12%。20世纪初，摩托罗拉还一直是引领尖端技术和卓越典范的代表，享有全球最受尊敬公司之一的尊崇地位。它一度前无古人地每隔10年便开创一个工业领域，有的10年还开创两个。成立80年来，发明过车载收音机、彩电显像管、全晶体管彩色电视机、半导体微处理器、对讲机、寻呼机、大哥大（蜂窝电话）以及"六西格玛"质量管理体系认证，它先后开创了汽车电子、晶体管彩电、集群通信、半导体、移动通信、手机等多个产业，并长时间在各个领域中找不到对手。但是这样一家有着显赫历史的企业，在2003年手机的品牌竞争力排在第一位，2004年被诺基亚超过排在了第二位，而到了2005年，又被三星超过，排到了第三位。

而在2008年5月，市场调研厂商IDC和战略分析公司StrategyAnalytics表示，摩托罗拉可能在2008年底之前失去北美市场占有率第一的位置。摩托罗拉的当季季报也显示，2008年第一季度全球手机销量下降39%，手机部门亏损4.18亿美元，与上年同期相比亏损额增加了80%。

败于"铱星计划"

为了夺得对世界移动通信市场的主动权，并实现在世界任何地方使用无线手机通信，以摩托罗拉为首的美国一些公司在政府的帮助下，于1987年提出新一代卫星移动通信星座系统——铱星。铱星系统技术上的先进性在当时的卫星通信系统中处于领先地位。铱星系统卫星之间可通过星际链路直接传送信息，这使得铱星系统用户可以不依赖地面网而直接通信，但这也恰恰造成了系统风险大、成本过高、维护成本相对于地面也高出许多。整个卫星系统的维护费一年就需几亿美元之巨。

谁也不能否认铱星的高科技含量，但用66颗高技术卫星编织起来的世纪末科技童话在商用之初却将自己定位在了“贵族科技”。铱星手机价格每部高达3 000美元，加上高昂的通话费用，它开业的前两个季度，在全球只发展了1万用户，这使得铱星公司前两个季度的亏损即达10亿美元。尽管铱星手机后来降低了收费，但仍未能扭转颓势。

营销战略失误

——迷失了产品开发方向。不考虑手机的细分发展，3年时间仅依赖V3一个机型。没有人会否认V3作为一款经典手机的地位，正是依靠V3，摩托罗拉2005年全年利润提高了102%，手机发货量增长40%，摩托罗拉品牌也重焕生机。尽管V3让摩托罗拉重新复苏，更让摩托罗拉看到了夺回市场老大的希望。然而，摩托罗拉过分陶醉于V3带来的市场成功。赛迪顾问研究显示，2005年以前是明星机型的天下，一款明星手机可以畅销2～3年，而过了2005年，手机市场已成了细分市场的天下，手机行业已经朝着智能化、专业拍照、娱乐等方向极度细分，而摩托罗拉似乎对此视而不见。在中国市场，2007年摩托罗拉仅仅推出13款新机型，而其竞争对手三星推出了54款机型，诺基亚也有37款。

——价格跳水快，自毁品牌形象。在新品跟不上的情况下，降价成了摩托罗拉提高销量不得不采取的手段。许多摩托罗拉的忠实用户把摩托罗拉的手机称为“(价格)跳水冠军”。以V3为例，从刚上市时的6 000多元的高端时尚机型跌入4 000多元的白领消费群，再到2 000多元的普通时尚消费群，直到停产前的1 200多元。短期的大幅降价让不少高端用户无法接受，同时也对V3的定位产生了质疑，结果就是对摩托罗拉品牌彻底失去信任。

——推广没有突出卖点的产品。手机消费者在手机厂商的培育和自发发展下，需求变化日益飘忽不定。消费者对手机的要求已经不仅仅局限在外观方面，苛刻的消费者更多地开始关注手机的配置、功能特色等内在技术因素。以技术见长的摩托罗拉本不应在技术方面让消费者失望，但是现实还是让消费者失望了。从手机零售卖场那些列出来的一目了然的参数中，摩托罗拉的像素、屏幕分辨率、内存几乎都落后于诺基亚等竞争对手的同类机型。自从推出 V3 之后，摩托罗拉发布的绝大部分新品手机无论是 U 系还是 L 系，甚至是 K 系就再也抹不去 V3 的影子，尤其是其金属激光蚀刻键盘设计。V3 的键盘设计的确是经典，但再经典的东西被反反复复无数次拿出来用，也会引起消费者的视觉疲劳，甚至产生抵触情绪，尤其是对于那些换机用户。

组织结构不能支持战略的发展需要？

摩托罗拉是一个很重视产品规划的公司，此前摩托罗拉每开发一款新产品，通常先提前数月预测消费趋势。但在快速升级换代的手机行业中，制造商们试图提前数月预测消费者需求是非常困难的。

再加上摩托罗拉是一家技术主导型的公司，工程师文化非常浓厚，这种公司通常以自我为中心，唯“技术论”，从而导致摩托罗拉虽然有市场部门专门负责收集消费者需求的信息，但在技术导向型的企业文化里，消费者的需求很难被研发部门真正倾听，研发部门更愿意花费大量精力在那些复杂系统的开发上，从而导致研发与市场需求的脱节。

另外，摩托罗拉内部产品规划战略上的不统一、不稳定，还使得上游的元器件采购成本一直降不下来，摩托罗拉每一个型号都有一个全新的平台，平台之间大多不通用，这就带来生产、采购、规划上的难度。对于全球顶级通信设备商而言，同时运营好系统设备和手机终端两块业务，似乎是一项“不可能完成的任务”。

摩托罗拉资深副总裁吉尔莫曾说：“摩托罗拉内部有一种亟须改变的‘孤岛传统’，外界环境的变化如此迅捷，用户的需求越来越苛刻，现在你需要成为整个反应系统的一个环节。”

滥用福利

当外部环境使得摩托罗拉进入战略收缩期，盈利空间不再，高福利的企业传统便有些不合时宜。

据了解，美国摩托罗拉公司在每年的薪资福利调整前，都对市场价格因素及相关的、有代表性企业的薪资福利状况进行比较调查，以便使公司在制定薪资福利政策时，与其他企业相比能保持优势和具有竞争力。摩托罗拉员工享受政府规定的医疗、养老、失业等保障。在中国，为员工提供免费午餐、班车，并成为向员工提供住房的外资企业之一。

（案例来源：https：//www.douban.com/group/topic/68707130/）

章末小结

(1) 创新战略分为两类：必胜战略和不输战略。

(2) 创新战略应有利于经营战略的实施，并应根据经营战略和竞争环境来安排创新工作的数量与创新方式(渐进式、半突破性或突破性创新)。

(3) 选择创新战略时应考虑的内部因素：技术能力，组织能力，现有商业模式是否成功，资金，高层管理者的愿景，等等。

(4) 选择创新战略时应考虑的外部因素：外部网络的能力，产业结构，竞争态势，技术更新的速度，等等。

(5) 企业选择创新战略，应该针对以上因素不断更新、改进创新战略，但是好的战略是没有定式的，因为虽然企业的竞争环境可能是相同的，但是每个企业都有其独特性。

(6) 企业领导者的首要任务就是制定创新战略、构建创新组合(必胜战略、不输战略、渐进式创新、半突破性创新和突破性创新相关组合)。制定以创新模式为内容的战略并确定组合平衡是领导者的责任，因为他们决定着创新方向，并能使员工们认识到创新的重要性，从而有利于创新工作的顺利进行。

参考文献

[1] 玫·笛德,约翰·本珊特,基思·帕维特.管理创新——技术变革、市场变革和组织变革的整合[M].王跃红,李伟立,译.北京:清华大学出版社,2008.

[2] 珀威茨·K.阿曼德,查尔斯·D.谢泼德.创新管理——情境、战略、系统和流程[M].陈劲,等译.北京:北京大学出版社,2014.

[3] 托尼·达维拉,等.创新之道——持续创造力造就持久成长力[M].刘勃,译.北京:中国人民大学出版社,2007.

[4] 陈劲,何郁冰,姚威,于洁.技术战略与公司战略匹配的影响因素及实证研究[J].科研管理,2008,05:1-8.

[5] 陈劲,童亮,黄建樟,周永庆.复杂产品系统创新对传统创新管理的挑战[J].科学学与科学技术管理,2004,09:47-51.

[6] 陈劲,吴波.开放式技术创新范式下企业全面创新投入研究[J].管理工程学报,2011,04:227-234.

[7] 陈劲,余芳珍,陈钰芬.高校原始性技术创新影响因素研究[J].科学学与科学技术管理,2006,01:67-72.

[8] 陈劲,郑刚.创新管理——赢得持续竞争优势[M].北京:北京大学出版社,2009.

[9] 陈劲,郑刚.企业技术创新管理:国内外研究现状与展望[J].管理学报,2004,01:119-124,6.

[10] 江岩.基于CEO领导行为和高管团队特征的企业创新战略导向研究[D].济南:山东大学,2008.

[11] 李乾文,赵曙明.企业创新战略、人力资源管理与绩效关系探析[J].外国经济与管理,2008,04:17-24.

[12] 苏红.大数据对H公司科技创新战略的影响[D].青岛:中国海洋大学,2014.

[13] 汪涛,牟宇鹏,王铵.企业创新战略模式的选择与效应[J].中国软科学,2013,06:101-110.

[14] 王敏,银路.企业技术创新战略选择及其对国家自主创新战略布局的影响——基于技术能力和需求多样性的分析[J].科学学与科学技术管理,2007,02:63-68.

[15] 项志芬，戚安邦. 项目导向的企业创新战略规划方法研究[J]. 软科学，2009，02：38-42.

[16] 姚艳虹，李扬帆. 企业创新战略与知识结构的匹配性研究[J]. 科学学与科学技术管理，2014，10：150-158.

[17] 韵江，刘立. 创新变迁与能力演化：企业自主创新战略——以中国路明集团为案例[J]. 管理世界，2006，12：115-130.

[18] 郑刚，王方瑞，陈劲. 中国高新技术企业知识管理系统研究[J]. 科研管理，2008，03：1-8.

[19] 周建，李小青. 董事会认知异质性对企业创新战略影响的实证研究[J]. 管理科学，2012，06：1-12.

第六章 创新型组织

学习目标：了解如何构建创新型组织；创新型组织的构建目标；构建创新型组织的流程及方法。

第一节 什么是创新型组织

创新本质上是学习和改变，有时又是破坏性的、冒险的、耗费大量金钱的。创新需要克服惯性和改变现有秩序的决心。重新凝聚经营重心，首先需要明确一个新的愿景，因为“高层承诺”是成功创新中的一种常见做法。在传统的组织中建立专门的创新管理部门可以帮助组织提高创新效率，提高组织的竞争力。但这是不够的，为了更好地适应经济、社会、政治等外部环境的变化，实现组织的可持续发展，企业应该改变思维定势，突破传统的经营管理模式，变革组织结构，构建一种有活力的创新型组织。

一、创新型组织的概念

管理大师德鲁克(P. F. Drucker)认为，创新型组织就是把创新精神制度化而创造出一种创新的习惯。这些创新型组织作为一个组织来创新，即把一大群人组织起来从事持续而有生产性的创新。他们组织起来使“变革”成为“规范”。简单来说，创新型组织，是指组织的创新能力和创新意识较强，能够源源不断地进行技术创新、组织创新、管理创新等一系列创新活动。

我国一些学者认为：判断一个组织是否是创新型组织，可以有两条思路：①考察组织的核心能力是否是创新能力；②考察组织对创新制度的执行情况、创新的投入和创新的产出等指标是否处于较高水平。他们还进一步从组织环境、创新投入、创新产出等角度建立了测度组织创新程度的定量指标集。3M、惠普、微软、英特尔等公司都是创新型企业的典型代表。例如3M公司的目标是“成为世界上最具创新精神的企业”。我国海尔集团、方正集团、海信、联想集团、华为等一批领先企业也在向创新型企业大步迈进。创新是海尔文化的灵魂,每年新产品研究与开发投入占海尔总销售收入的比重达6%以上,2002年,海尔共开发新产品362个,申报专利662项,平均每个工作日推出1.5个新产品,申报2.6项专利。截至2002年年底,海尔拥有1 800项专利,是中国家电企业之最。

为什么要构建创新型组织呢?

在商业领域,创新已经成为竞争战略的基石和产生竞争优势的主要手段。更贴切地说,今天的所有组织为了生存就得创新,要兴旺发达,创新的需要更自不待言。然而,创新至今仍是所有组织面临的最有挑战性和最复杂的问题。创新是一个由不确定性、风险和机会所驱使的活动。实际上,大多数创新都不了了之。对于一个成功的创新而言,彼得·德鲁克指出,那意味着99项的发明都将失败,或者说99项的创新,人们都闻所未闻。此外,在最近的一次调查中,美国管理协会询问了500名首席执行官,问题是:在21世纪,论及企业生存时他们优先考虑的问题是什么。500人几乎都声称,创新是他们优先考虑的问题。但是,当问及他们的创新工作开展得怎样时,只有30位执行官声称他们的创新工作取得了进展。在另一项研究中,尽管人们对创新是增长竞争优势和新财富的唯一持续的源泉逐步达成共识,但是,Arthur D. Little对669家全球公司的执行力所做的调查发现,只有四分之一的公司相信,只有它们的市场定位成功,创新绩效才能产生。

二、创新型组织的“7C”特征

通过合适的战略和方法,在认真保证构建创新组织的注意力和时间的情况下,具备可靠输出成功创新的高效团队可能会出现。正如判定一个群体是否为组织需要,需要调查其是否存在标志一样,创新组织通常要具备以下列示的七个结构性的能力,简称为“7C”。

(1) 协作(collaborative)。跨越知识边界作为一个组织的思考和学习的能力,无论对原创性概念的产生,还是解决原创概念所透露的复杂的不确定的问题,都是至关重要的。决策、执行和反馈必须整体制定;否则,复杂并且常常是发散的问题,将会迅速搞垮一个组织。

(2) 团结(consolidated)。这是一个组织结合的前景和期望。这实际上都归结为组织拥有的价值。没有相互帮助,成员就不会作为一个组织发挥作用。

(3) 诚信(committed)。组织成员要忠于创新的成功结果,还要相互诚信。成功创新是一个良性循环:成功的创新可能是高效组织的结果,而高效组织也可能是成功创新的结果。

(4) 称职(competent)。当然,如果没有同既定结果相关的某种水平的能力,一个组织就不可能开始生产和运作。不过,组织能力是时间和努力的问题,因为任何足够新颖的创新,都将开辟新天地,因此,根据定义,在完全不同领域的能力将会不够用。这又显示出加速组织学习是至关重要的。

(5) 互补(complementary)。这一点就是在执行任务和追求目标的过程中,相互补充的、各种各样的技能、诀窍和才能凝聚在一起的能力。

(6) 自信(confident)。一个高效的组织具有一种积极的无所不能的态度。此外,杰出的高效组织,还具有无限的耐力。心理学家所研究的几乎任何一个领域,在需要某种能力的组织时,着重强调的一件事情是,当缺乏信心时,绩效会急剧下降。同样,自信是通过协作学习和生产,产生时间和努力的一个产品。

(7) 组织精神(camaraderie)。组织精神同其他所有能力一样重要。成员相互之间若没有友爱和共鸣的感觉,相互支持和帮助就不会产生,接下来组织绩效就会下降,当一个项目不走运或达不到期望时,更会如此。此外,互助程度很高时,拓展可能的思考对象的边界——这一点又是创新的必要因素,就有可能更频繁地发生。相反,如果没有组织精神,冒险的可能不存在,创新也随之消失。

第二节　创新型组织的构建

构建创新型组织是企业走向创新最重要的一环。俗话说：100 个创新企业有 99 个会走向失败，唯一成功的企业必须具备完善高效的创新型组织，那么如何构建合适的创新型组织？

一、创新型组织的构建原则

创新型组织有别于企业一般的组织，创新型组织不仅仅注重团队的协作，还需要组织成员发挥自己创造性的特点。构建创新型组织一般遵循以下三个原则。

(1) 程序化原则。创新型组织建设不仅仅需要企业内部的运作，还需要针对企业外部的影响因素，在分析企业当下急需解决的创新问题的基础上，利用组织的特点通过培训、组织协作演练、实际案例操作等方法进行组织的构建。

(2) 求真务实原则。企业构建创新型组织，无可避免地会借鉴成功企业的经验和教训，但要将经验和教训完全转化为自我的知识，还需要在企业沟通传递中得到升华，其中我们需要结合企业自身的特点，吸取精华、去其糟粕，在这样的经验做法中构建的创新型组织才是最适合企业发展的组织。

(3) 循序渐进原则。创新型组织的建设在当下是企业争相进行的热点项目，更多的企业都处在不断摸索的阶段。一套完整的创新型组织创建体系，需要对前人的经验不断总结，不可能一蹴而就，因此，创新型组织需要遵循循序渐进的原则，有条理、系统地开展组织的建设。

二、创新型组织建设的步骤

组织设计是一个动态的复杂过程，包含众多的工作内容，图 6-1 所示为组织设计的一般程序。

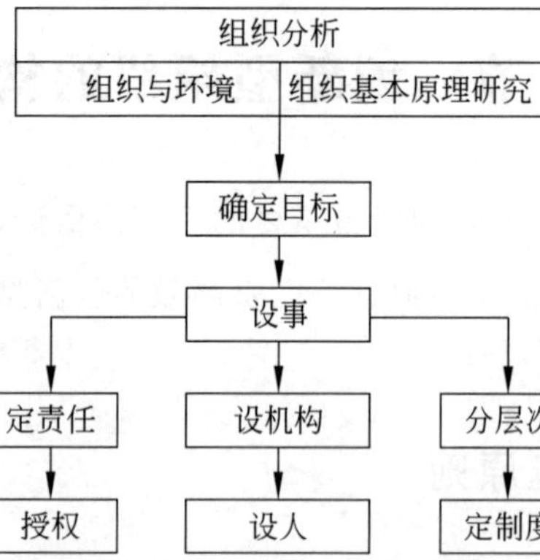

图 6-1　组织设计的一般程序

1. 创新型组织的整体结构

创新型组织中，有机械式组织的部分，也有有机式组织的部分，具体要看不同部门的目标和任务以及其运行的方式及特点。

从创新过程来看，创意萌生是发生在员工个体身上的事情，是无法控制的，也无法专门组织，我们所能做的就是建设创新的企业文化和鼓励创新的制度，使员工能提出自己的创意。到发展创新阶段，由于是从一个全新的点子或主意或技术来进行研究和实践，具有不可预知性，因此这时的组织结构是有机式的。当创新取得结果，并经过验证可以应用后，这时的组织结构又回归机械式，因为它的任务是贯彻和执行。我们用图 6-2 展示创新型组织整体结构。我们将创新型组织分为两部分，其一为创新管理部门；其二为常规部门，也就是剩下的部门。

2. 设立新部门

德鲁克认为应该建立独立创新管理部门，人们不可能既创造新事物，又关心已有的事物。为了追求创新，必须在现有的企业结构之外，建立一个独立的组织结构。创新的一般设计原则，是在现存结构之外建立一个作为自主单位的小组。它不是传统意义上的分权化事业部，但它必须是自主性的，独立于现行作业组织之外。一种方式是把这些创新型单位组成一个创新性集团，由高层管理者中的一位成员来领导。这

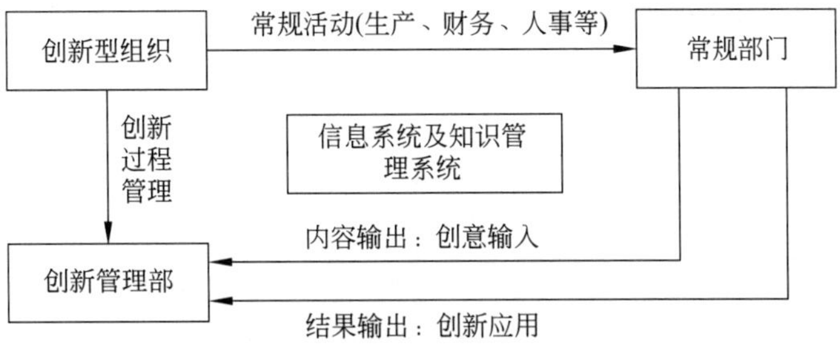

图 6-2　创新型组织整体结构

位成员不担任其他工作，只负责指导、帮助、建议、检讨、指挥创新型小组的工作。

通用电气公司(GE)于 1952 年开始着手从事大规模的改组。这项改组后来成为世界上其他大型企业进行重大组织变革的最初模型。但在当时，通用电气公司并没有弄懂“独立创新管理部门”的原理。在它的改组计划中，每一产品事业部的总经理同时负责现行业务和创新工作，理由是产品事业部的总经理应该而且可以像一个独立企业的总经理那样行事，但最后的结果证明这种思路是错误的。那些事业部总经理需要承担现行业务的压力，没有时间也没有动力从事替代或淘汰自己经营的现有产品的创新工作。通用电气公司从挫折中得出正确的结论，开始把创新项目独立于现存产品部门和产品事业部之外，单独设立了一个企业发展部。

创新是整个企业组织的事，如果没有相应的部门来负责，那就等于不是大家的事。因此，我们需要设立专门的部门来进行管理。暂且将这样的部门称为“创新管理部”。企业组织中所有的创新或创意来源，不可能只发生在创新管理部员工的身上，创新管理部是对创新行为、活动、过程加以引导、组织、控制执行的部门。

1）设事

企业组织中都存在创新活动，有创新成果的企业都是对这种活动进行有效管理和支持的。在创新型组织中更是如此，开发创新成果需要配套机构来支撑。

2）设机构

在创新型组织中，创新是组织目标之一。因此要设立创新管理部门。该部门需要由高层管理者参与管理，需要授予广泛的权力，足以调用企业组的各种资源。

在创新型组织中,创新管理部门与其他各个部门是一种交叉型的关系,如图 6-3 所示:

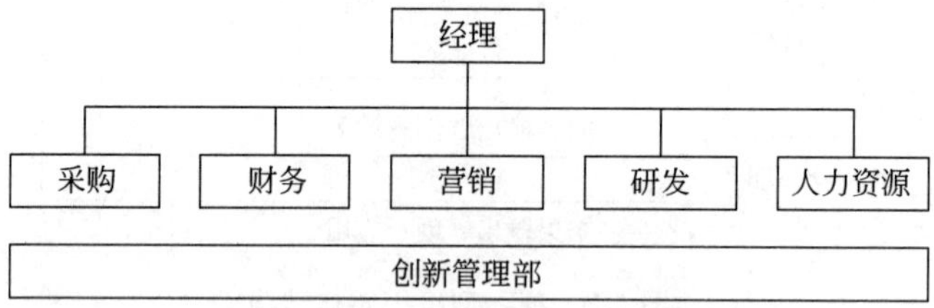

图 6-3 创新管理部在组织中的位置

企业组织创新,不是一个部门就能完成的,需要各个部门的配合与支持,更需要获得各个部门所掌握的资源。这样,它就与其他部门建立起了交叉的关系。这种关系是虚拟的,就像 3M 公司所成立的"产品创新小组",组内调用了各个部门的人员和资源,形成项目小组,项目结束后,这种组织关系又会复原。

3) 设人

创新管理部不同于一般的职能部门。职能部门中的人员安排,是按照专业分工进行的,各专业人员进入匹配的部门。在创新管理部,需要更为综合型的人员。下面就从高、中、低三个层次来阐述。

企业创新需要得到高层的鼎力支持,从全局来看,这样可以显示出企业创新的决心。彼得·德鲁克认为,在创新型组织中,高层管理者是创新的主要动力。他们认为自己的职责就是倾听并认真对待各种看法,进行深入考虑,从中发现某些新东西,并对其可行性进行评价。他们运用组织中的各种意见来激发自己,并使各种意见为整个组织所关心。高层管理者对新思想加以思考和加工,使之成为组织的力量和企业遵循的规范。因此,创新管理部需要任命一名高层管理人员担当部门领导者。对于这名高层人员的选择,需要从创造性和远见卓识以及魄力两方面进行考察。对创新管理部门的管理不同于管理其他部门,其所需要的领导气质更是不同。

创新管理部的中层只是发挥协调的作用,其在管理部门的作用类似于项目经理。人员并不是固定的。比如:营销部门有创意出来,那么就需要从营销部内部挑选出一位有经验、有创造性的管理者，参与到这个创新项目中来。如果其他部门有创意出来，那么中层人选也同样在该部门内部挑选。这样安排是为了保证项目管理者充分了解环境和项目发展的方向，以及可能的结果。

基层就是企业组织中所有的人员，因为他们都有可能有创意，都是创新管理部最基层的员工。在创新管理部，所要进行的管理创新活动，都是发自员工，各部门的创新活动，其实来源也是具体员工。

4）定制度

创新管理部门的制度可分为两类：一为部门内部工作制度；二为创新活动管理制度。在内部工作制度制定方面，可根据企业工作制度方面规定，但一定要进行灵活性调整，原则是程序从简，使员工可以灵活作业。

在创新活动管理制度的制定上，需要考虑如下三个方面：考评激励制度、员工接待和监督制度。

三、构建创新型组织的保障措施

1. 培养有创新精神的成员

（1）加强培训。创新型组织中积极地对员工进行培训，时刻让员工保持知识的更新和与时俱进是组织建设的重要内容。现代比较先进的组织都很重视学习，现今社会中，信息更新的速度极快，稍一放松就会跟不上步伐，培训可以让员工们充实自己，时刻保持最新状态，意识到技术和组织创新的必要，用更新颖的方法实现组织的跨越式发展。

（2）积极引进具有创新精神的员工。具有鲜明创新精神的员工可以感染其他成员坚定不移地将创新想法付诸实施，努力克服阻力，争取创新任务的成功完成。比如，在海尔公司内部对人才的观念是“赛马”而非传统意义上的“相马”。“赛马不相马”的机制就是给每一个员工创造一个开放的环境，带给企业的好处就是可以用新鲜的方法解决许多疑难问题。

（3）确定正确的失败观和竞争观。成功的路上难免会有失败和挫折，传统组织都希望在竞争中获得根本的胜利,这就有可能暗示员工拒绝失败。现代组织中对失败的宽容态度可以让员工积极思考,坚持不懈。随着创新活动的进行,组织绩效也许会经历短暂的低谷,但是这些现象可以让员工明白竞争的本来面目,认识到短期内的失败虽然不可避免,但是却会在长期内让组织把竞争对手甩在后面。全体成员要坦然面对失败,勇于承担风险,用新的方式方法解决创新问题。

2. 设计孕育创新的组织结构和文化

(1) 减少组织的集权化。传统组织中的控制层与被控制层是以命令的形式进行的,根据道格拉斯的X理论,命令式的控制方法可以让不喜欢工作的员工被迫承担责任,从而实现组织目标,但也正是这种方式抑制了员工的创新精神和自我管理的精神,阻碍了个体之间、个体与组织之间的交流,不能激发出创造力和创新精神。如果组织给员工足够的空间,在一定范围内自主地支配自己的活动,那么就可以使员工的创新精神得到鼓励,从而激发员工的创造力和组织的活力。

(2) 保证充足的资源供给。组织要确保有足够的资源来支持创新建设,这些资源包括资金、物资、人员、时间等。"巧妇难为无米之炊",员工一旦产生有创意的思想,首先考虑的就是组织是否有足够的资源保证这些想法被转换成现实的产品服务或工作方式。如果某一阶段的成果不尽如人意或者由于采用新想法而带来失败,足够的资源也可以让组织有能力承受失败带来的损失。

(3) 创建合适的反馈方式。传统组织中的反馈渠道主要就是自下而上型的,领导者根据下级提供的信息做出决策,但是,某些时候,员工们为了个人利益或者其他原因会歪曲或夸大工作成果,如果采用适合的反馈方式,就可以避免因偏听偏信造成的与事实不符,这些反馈渠道可以是360度反馈法、目标管理法、走动管理等。每种反馈方式都有其自身的优点和缺点,组织可以把多种方式综合运用起来,以达到最佳效果。

案例 案例6-1

美国明尼苏达矿业制造公司,因英文名称头三个单词以M开头,所以简称为3M公司。公司以其为员工提供创新的环境而著称,视革新为其成长的方式,视新产品为生命。每年公司都要开发多种新产品，它那传奇般的注重创新的精神已使公司连续多年成为世界最受人羡慕的企业之一。

下面我们从组织结构、知识创新和管理创新方面分析一下公司的独特之处。

1. 组织结构

在组织结构方面，采取不断分化出新分部的分散经营形式，而不沿用一般的矩阵型组织结构。组织新事业开拓组或项目工作组，人员来自各个专业，且全是自愿。提供经营保证和按酬创新，只要谁有新主意，他就可以在公司任何一个分部求助资金。新产品搞出来，不仅可以提高薪金，还包括晋升。比如开始创新时是一位基础工程师，当他创造的产品进入市场，他就变成了一位产品工程师，当产品销售额达到100万美元，他的职称、薪金就都变了。当销售额达到2 000万美元时，他已成了"产品系列工程经理"。在达到5 000万美元时，就会成立一个独立产品部门，他也成了部门的开发经理。

3M公司的做法是值得称道的。公司的扁平化改造不是简单地从上而下分设组织，而是从下往上发展新组织，即随员工的创新产生项目组。3M公司将总资产为上亿美元的大集团，划分为若干独立经营的小公司，有效地唤醒了员工对公司的认同感和主人翁精神，3M公司的组织扁平化改造是很成功的。

2. 知识创新

对于一个以知识创新为生存依托的公司而言，3M公司知道，有强烈的创新意识和创新精神的知识员工是实现公司价值的最大资源，是3M赖以达到目标的主要工具。

技术论坛就是创新活动的知识共享平台，是一个具有管理框架的大型志愿者组织，成员有数千人，每天都有各种活动。技术论坛的成立目的是鼓励信息的自由交换，为研究人员相互交流心得和解决疑难问题创造条件，它是3M公司员工相互联络的一种方式。技术论坛下设分会、各委员会。分会主要讨论技术问题，包括诸如物理分会、生活科学分会和产品设计分会。技术论坛委员会负责组织各种活动、教育和交流事务。公司对外委员会负责3M员工与其他公司人员进行交流的活动。这个组织还通过公司内部的电视系统向全美各地的分部传送活动情况。交流委员会则向技术论坛成员定期分发公司的业务通定。员工在这些相互信任的交流中受益无穷，这是一种文化、一种氛围。然而，更重要的是要培养一种环境，在这种环境中，员工可以与其他部门的人自由组合，同时每个人都愿意与他人共享自己所掌握的信息和知识。

3. 管理创新

1）创新的机制

通过正确的人员安置、定位和发展提高员工的个人能力。3M公司发展既是员工的责任，也是各级主管的责任。提供公平的个人发展的机会，对表现优秀的员工给予公平合理的奖励。个人表现按照客观标准进行衡量，并给予适当的承认与补偿。公司鼓励每一个人开发新产品，3M公司有名的“15%规则”允许每个技术人员至多可用15%的时间来“干私活”，即搞个人感兴趣的工作方案，不管这些方案是否直接有利于公司。当产生一个有希望的构思时，公司会组织一个由该构思的开发者以及来自生产、销售、营销和法律部门的志愿者组成的风险小组。该小组培育产品，并保护它免受公司苛刻的调查。小组成员始终和产品待在一起直到它成功或失败，然后回到各自原先的岗位上。有些风险小组在使一个构思成功之前尝试了3次或4次。每年，3M公司都会把“进步奖”授予那些新产品开发后3年内在美国销售额达200万美元，或者在全世界销售达400万美元的风险小组。

2）创新的过程管理

创新分为三个主要阶段：涂鸦式创新、设计式创新和指导下的创新。这些阶段从大到小呈漏斗状。首先是创新的大胆初步设想得到一致的认可和赞许，逐渐演变为更加深入和集中的努力。在整个过程中，实现众人支持与专人负责之间的平衡，并按照不同阶段逐步增加人力和资金的投入。约束随着阶段的进展而逐渐增强，到了最终阶段，方法和落实要根据经营策略与市场状况来决定。

在具体实施中，3M公司坚持了以下管理原则：①弹性目标原则。弹性目标是培养创新的一种管理工具，方法就是制订雄心勃勃的但要切合实际的目标。3M公司制订的目标数量并不多，其中有几个与财政收支状况有关。然而，还有一个目标是专门用于加大创新步伐的，每年销售额中至少30％应该有来自过去一年中所发明的产品。②视而不见原则。公司的管理人员必须有一定的容忍能力，因为即使你屡次想要取消明显是不切实际的研究计划，研究人员也可能会顽固地坚持己见。③授权原则。授权是在员工已做好创新的思想准备之后让他们开始工作，但创新主要还要靠他们自身的动力。当他们在发明创造时，公司就要及时给予帮助。这里的技巧在于如何才能不破坏他们这种内在的动力。

（案例来源：改编自百度文库 http：//wenku. baidu. com/view/5e9268f1910ef12d2af9e725. html.）

第三节　建立创新管理部门

创新的重要性已经逐渐被企业所重视。面对日益激烈的竞争环境，一成不变的生产管理模式已经难以适应外部环境给企业带来的冲击。创新成为企业可持续发展的源泉。但对传统的企业而言，创新仍未付出行动，过少的预算、缺乏专门的管理部门、员工创新意识淡薄等都成为影响创新的因素。尽管部分企业中存在开发或研发部门，但这些部门更多的只是关注对产品或者技术本身的创新，至于如何引导更多的员工参与创新、如何将创新的成果转化为经济效益、如何进一步激励创新等都难以解决。因此，要真正地将创新转化为实践，创造价值，我们需要一个专门的创新管理部门。

一、建立创新管理部门的必要性

在传统组织中大都能找到行政部、人事部、财务部、销售部等职能部门，但专门负责组织创新行为管理的部门几乎没有。尽管这些组织内部的创新行为也会得到相应管理，但是这种管理职能被分配到了不同的部门来执行。要构建真正意义上的创新型组织，需要建立专职的创新管理部门，这是因为：

（1）专职的创新管理部门可以保证大量创新管理事务的执行效率。以最基本的工作为例,要负责接收、浏览、评估、反馈来自各级组织成员的创新提案就是一个耗时耗力的任务,尤其是当创新型组织开始挖掘出组织成员的创新潜力后,各种各样的新想法、新点子会如雨后春笋般纷纷涌现,若不能及时处理组织成员的创新提案,就会挫伤他们的创造积极性。但是如果把这样的工作分配给其他职能部门或者直接交给基层领导,难免会被视为本职工作以外的负担,执行的效果很难保证,而且上级部门又很难加以监管和控制。此外,组织内的创新管理工作还包括创新过程的导向与管理、创新相关的信息处理、创新培训的安排、创新能力的测试、创新成果的评估等,这么多的职能与工作量决定了成立专职部门是最好的选择。

(2) 专职的创新管理部门可以为沟通提供了一个统一的渠道。无论对于高层管理人员还是基层员工,能够有一个统一的信息渠道势必会为信息交流带来极大的便利。试想假如一个在生产第一线工作的基层员工忽然产生了一个挖掘潜在市场的好点子,他该怎么做才能将创意实现呢?首先应该向谁汇报?汇报后是否会受到重视?汇报后的执行如何保证?后面的反馈如何实现?有了创新管理部门,这些问题都将迎刃而解。无论哪个部门、哪个层级的组织成员有了好的创意,都可以通过方便、直接的渠道向创新管理部门汇报,并且可以从创新管理部门得到反馈,而领导需要收集下属的创意或者执行一个创新项目的时候,也只需与创新管理部门沟通即可,大大缩短了信息渠道的长度、简化了沟通的过程。

(3) 专职的创新管理部门能在一定程度上摆脱职权结构的束缚。在结构复杂的组织中,除了存在信息沟通障碍外,这类组织因为职权层级多、职能部门多等特点,创新过程还有可能遭受其他源于职权结构的负面影响。比如一个组织成员在与顶头上司争论的时候就明显处于劣势,尽管他的观点可能是正确的。当然,创新型组织的文化改造会尽可能地改变这种情况,但一来这需要很长时间才能做到;二来也很难杜绝类似情况的发生,此时创新者就特别需要一个公正不倚的支持者。创新管理部门在组织中能够有效承担这样的责任,它直接由组织最高层的领导管辖,对组织的全局利益负责,不受任何职能部门的行政约束,也不与任何个人产生经济利益的瓜葛。所以它可以超脱职权结构的束缚,尽可能地保证创新管理的公开、公平、公正。

(4) 创新管理部门的建立也是组织转型的体现。从象征意义上来说，创新管理部门的建立也是组织领导进行组织再造决心的体现，是创新型组织构建过程中的标志性事件，无论对于内部员工还是外部公众来说都有重要的心理价值，这对构建创新型组织具有非常重要的促进作用。

二、创新管理部门工作职责

创新管理部门的工作不同于其他部门，应有其独有的职责。具体而言，创新管理部门的主要工作职责包括以下几个方面。

1. 收集、浏览创意并及时反馈

创新管理部门是代表组织接纳创意的窗口，在制度保障的前提下，创新管理部门要以积极主动的姿态尽可能地通过所有的渠道收集来自组织各个层级的新点子、新想法。创新管理部门有责任为员工提供尽可能方便、快捷、可靠的创意递交渠道，包括意见箱、例会、电子邮件以及口头汇报等。此外，反馈也是很重要的，因为每一个提出建议的员工都会迫切希望得到反馈。如果得到肯定则可以进一步激励他们，即使建议没有被采纳，只要能够提出充分的、有说服力的理由，同样可以使他们从中获得收益——这本身是很重要的激励形式之一。一般建议在五个工作日以内给员工答复，包括以下几种形式：如果创新管理部门认为该创意简单易行、投资风险小而且确实有效，则可直接告知提议者“已采纳”，并做出相应的奖励；如果创新管理部门认为此创意有明显的疏漏或者已有类似的创意被提交过，则可告知提议者“未采纳”，并简要说明原因；如果创新管理部门认为该创意并不完善或者论据不足，可将之退回给提议者，说明问题出在哪里并提出“请完善”；如果创新管理部门认为此创意具有潜在价值，但投资和风险均比较大，且很难立即判断其可行性，则可告知提议者“需论证”以及什么时候他的提案会在会议上得到讨论。

2. 对创新信息进行管理

创新管理部门的职能之一就是收集创新信息，建立创新信息数据库，对信息进行有效的管理。以前大多是通过书面文档的形式来保存档案资料，这种形式不利于信息的保存、整理和检索。随着互联网产业的发展，将创新信息以数字的形式保存在计算机里，从而构成开放的、易于维护的数据库与信息库成为可能。从员工提交创意之时起，创新管理部门就应当将之分门别类地录入到创新信息库中，并且全程跟踪记录此创新活动的进展情况。同时，必须建立知识门户，将隐性的经验知识或案例以及显性知识储存起来，并且让员工可以访问、输入以及更新。通过这种形式，员工自己可以通过登录知识门户，查看自己的创意，以及创意的执行情况。并且，知识门户和外界也要发生交互，获取行业、技术等知识或信息，为创新的不同阶段提供知识资源。

3. 为其他职能部门提供信息

创新管理部门不同于生产部门或者销售部门，它并不能直接地产生经济效益，只有将创新信息传递到其他职能部门才能表现出其潜在的价值。因此，创新管理部门有义务为其他职能部门提供信息检索、分析的服务。例如，一个手机生产企业的研发部就可以向创新管理部门提问："我们的产品待机时间总是很短，不能满足顾客的需求，我们目前的技术与工艺都无法解决待机时间与手机重量的矛盾，有突破性的解决办法吗?"此时创新管理部门就应该根据研发部门提出的问题和提供的信息去检索与电池容量、发射功率、液晶屏耗电量等要素相关的创新信息，看看是否有现成的或者有发展潜力的创新方案。而且，这种检索与分析不应局限在组织内部，创新管理部门工作人员应该凭借丰富的专业知识与长期积累的经验在全国乃至全世界范围内收集相关的信息。若无法找到现成的解决方案，创新管理部便可以以此为导向开展创意的收集。

4. 导向、支持、管理组织创新行为

创新必须顺利完成萌发创意、发展创意、落实创新这三个阶段以后才能真正为组织带来效益。在萌发创意阶段，创新管理部门应当根据组织的阶段性目标，在保证创新自由度的前提下，通过向组织成员澄清组织的需求、提供有利于创意萌发的信息与数据、组织有针对性的会议等方式为创意的形成提供一定的导向。而当某个或某些创意经过评估审定获得了认可进入发展创意阶段以后，创新管理部门应当给予创意足够的重视与关心，确保将创意转化为具体的、可操作的创新方案，以免创意沦为"一

纸空文”。最后，在落实创新阶段，创新管理部门应当负责协调好各个相关职能部门的关系，统一相关人员的认识与观念，并协助各部门领导一起将创新方案落到实处。在创新方案开始执行后，还需要经常收集反馈信息，听取员工意见。

5. 对参与创新活动的人员进行考评、激励、培训与招募

俗话说“事在人为”，组织创新更是一个充分依靠众人智慧与努力的事业，所以创新管理部门与人力资源管理部门应该保持密切合作。绩效考评与激励是人力资源管理部门的重要职责之一，目前大多数企业都没有把创新绩效纳入考评体系或者作为考评的重点，而这一点在创新型组织中会有根本的改变——创新成果将成为绩效考评的重要考虑因素之一，并且将被纳入常规的考评项目。而且，由于对于创新行为的激励方式方法与寻常的激励有很大的区别，所以创新管理部门必须协助人力资源管理部门开展创新行为的考评与激励。此外，在创新型组织中人员的招募与培训也应有创新管理部门的参与。创新管理部门应当根据专业知识与组织的实际需求提出有针对性的测试方案，在招募员工时根据目标岗位对个人的创造智力与创造人格进行科学的测试。而组织内部的员工也需要经常接受创新方面的专家培训或组织内部培训，这些都需要由创新管理部门与人力资源管理部门共同落实。

6. 总结、评价组织创新工作并且不断寻求改进

一个组织需要有持久的自我学习和自我完善能力，创新型组织更是如此。因为创造学，尤其是组织创新理论本身就是一个新兴的学科，所以很多概念与方法的正确性、有效性都需要经过实践的检验，只有在落实过程中不断地进行修正与改进才能保持创新型组织理论本身的活力，每个组织都需要根据自己独有的特点对创新型组织的管理理论进行发展与演化。同时，其他的创新管理制度也需要持续不断地改进。所以创新管理部门的职责之一就是阶段性地对组织创新的开展情况与取得的成果进行回顾和总结，汲取经验发现问题并主动对不足之处进行改进。

三、创新管理部门工作流程

上文中我们详细分析了为什么要成立创新管理部，以及创新管理部的职责。那么下面就要详细论述创新管理部的工作流程，流程是组织设计的基础。图 6-4 完整地展示了创新管理部的工作流程。

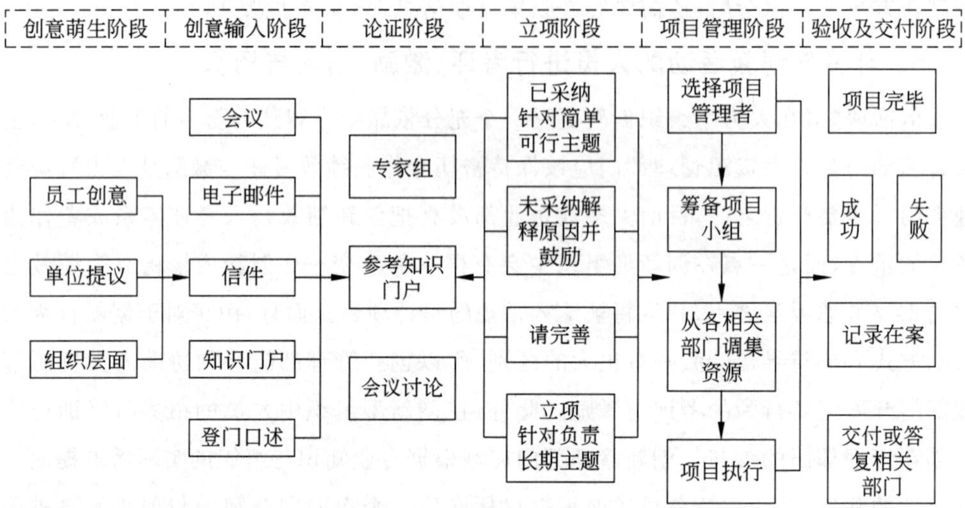

图 6-4 创新管理部工作流程图

注：图中横向表示创新的阶段，纵向表示在每个阶段内进行的活动

1. 创意萌生阶段

创意萌生分为三种类型。一是员工创意，各个部门内部员工提出创意。二是单位提议，部门或部门下的单位提出的创意以及部门提出问题，创新管理部门组织的创新探索。三是组织层，企业组织层面提出的创意，以及企业层面的创新要求，创新管理部负责组织实施。在这一阶段，创新管理部能通过对企业环境和文化的影响来增加创意萌生的概率和数量。员工自发关注企业，提出自己的创意需要企业有良好的氛围和创新性的文化。创新管理部可以通过不定期举办活动，或者组织培训，让员工更多地感受到这种氛围。

2. 创意输入阶段

创意以及创新的要求产生后，创新管理部门需要获取这些信息，获取的途径有会议、电子邮件、信件、知识门户以及登门口述。途径越多，获取信息的有效性、及时性就越高。

3. 论证阶段

创意及创新要求输入后，创新管理部门会进行论证，以决定创意是否可行，或创意要求是否合理，是否能实现。创新管理部门根据创意或创新要求的类型以及所属领域，对于简单易分辨的创意可以马上定出结论，对于无法准确判断的可以组织专家或开会讨论来决定。

4. 立项阶段

经过论证，就可以对创意或创新要求做出回复。如果采纳，就可以通知提出者"已采纳"，并做出相应奖励；如果未采纳，要及时解释原因，并鼓励提出者，绝对不能敷衍了事；如果创意尚有不完善之处，可以要求提出者进一步完善，并给予相应支持与帮助；如果项目复杂或者周期长，可以立项，组成项目组来实施。

5. 项目管理阶段

当复杂或者长期项目立项后，就可以进入项目管理阶段。首先，选择项目管理者，若项目涉及研发，原则是有研发项目管理经验者优先。若项目属于管理创新或制度创新，应当选择战略或者企划部相关人员。其次，筹备项目小组，选择组员，组成项目组。组员可以从所涉及的部门调配，选人的原则是有创造性、冒险精神、进取心。再次，需要从各相关部门调集资源，资源类型有知识资源、专家资源以及其他可能用到的资源。最后，是投入项目执行阶段。在这一阶段，大家围绕设定好的目标，按照创意进行各种研发或创新工作。

6. 验收及交付阶段

创新管理部门需要对项目的实施结果予以验收与交付。项目中间发现技术难题，无法解决而宣告失败，或者项目进展顺利，取得了创新性成果，创新管理部门都需要对这些结果进行详细的记录。一来可以作为案例分析，提高创新管理部门的管理水平和工作能力；二来可以作为后人参考的资料，最好能录入企业的知识库内。最后如果项目成功了，需要交付成果给相应的部门；如果失败了，将分析报告交给相应部门。

案例 案例 6-2

通用电气公司(GE)是一家集技术、制造和服务业为一体的多元化公司，致力于在其经营的每个行业取得全球领先地位并推动客户成功。公司在全世界多个国家开展业务，在全球拥有员工近 313 000 人。GE 公司原来的组织结构是传统金字塔形的官制结构，管理层次非常多，最下面的员工向公司总裁韦尔奇报告工作要通过 16 层。韦尔奇为此解雇了一大批中高层管理者，迫使组织扁平化。韦尔奇着力构筑学习型组织，提出"无边界"理念，使得建设学习型文化有了一个切实可行的模式。韦尔奇的这一举措，无疑促成了企业内部创新文化的形成和企业对于员工创新的肯定，进而推动了创新事业的发展。

早在知识管理这个概念热起来之前，GE 就已经开始从事一项包含知识管理功能的工作——六西格玛。

GE 平均每年会推动近 7 000 个六西格玛项目。这些项目所涉及的领域已经远远超出了生产与质量管理的范畴，全面地覆盖企业经营的各个角落。通过详尽的项目记录，GE 成功实现了所有企业经营的相关流程知识的显性化与标准化。六西格玛活动为 GE 收集的知识不局限于企业自身。相关数据显示，GE 现在推行的六西格玛项目中有三分之一是与其合作伙伴直接或者间接相关的，有些项目更是以帮助合作伙伴改善流程为目标的。通过这些"援外"项目，GE 又轻松地把上下游的企业相关经营知识与信息尽收囊中。

知识标准化环节是知识管理价值链上最难攻克的一环，如果知识无法有效地标准化，那后面的知识共享与知识应用这两个环节的效率将相当低下。而六西格玛突破了这一思维的局限。它不但注重通过完整的体系对知识进行标准化的编码，更注重提升企业员工在知识编码与解码过程中的能力。六西格玛对于每一位 GE 的员工来说，首先就是一次严苛的考验。每一位新晋员工在进入 GE 后必修的第一课就是六西格玛，而且在培训之后还有非常严格的考试，如果在一定的期限内无法通过考试，被解雇就成了唯一的选择。通过这种强制的提升，六西格玛成为GE内部一种有效的“共同的价值观”和“标准化的语言”，员工在知识解码过程中曲解和误解的概率大大降低。

GE也非常重视知识的溢出效应。对任何企业而言，知识的价值在于运用，而运用的前提是知识在企业范围内的有效传播，即实现知识在企业内部的“溢出效应”。一个人、一个部门、一个业务单元所掌握的知识依托高效的知识传播机制，迅速扩展到整个企业之中，真正发挥出“组织学习”与“知识创新”的竞争优势。

当GE的某一战略业务单元开发出某种创新的业务流程如有效的顾客服务流程时，该业务单元会将这一创新的业务流程推荐给总部的评价中心。总部通过认真的评估，在确认该流程创新具有推广价值之后，会对这一业务流程进行系统的梳理，并将它推广到公司内部的其他战略业务单元中去。如果某个战略业务单元不想采纳这一已通过检验的流程创新，必须提出站得住脚的理由。这样，GE就建立了强有力的支撑公司多元化战略的知识溢出机制。

GE最著名的管理创新就是成立SBU——战略事业单位，按照业务划分部门，将不同的业务或产品线独立成一个部门，成为独立决策的单元，增强了灵活性。韦尔奇通过变革做到了给中坚层充分授权，又能够分层协作。

（案例来源：http：//wenku. baidu. com/link？url＝cC-vW3s8sf8fOTmPxroL5wzypTPNoxnsjUx0eTuTaR853ppiCXTby8TTGeQNR _ VieqpYZmyp _ bzfUd3kw-jlu8CvykXZA3akckQ47ch9pmu.）

章末小结

(1) 所谓创新型组织,是指组织的创新能力和创新意识较强,能够源源不断地进行技术创新、组织创新、管理创新等一系列创新活动。

(2) 创新型组织中,必须进行知识管理,这是创新活动的要求,也是企业持续创新的要求。

(3) 创新型组织的"7C"特征包括协作、团结、诚信、称职、互补、自信、组织精神。

(4) 建立创新型组织需的保障措施包括培养有创新精神的成员、设计孕育创新的组织结构和文化。

(5) 创新管理部的工作流程与阶段为:创意萌生阶段、创意输入阶段、论证阶段、立项阶段、项目管理阶段、验收及交付阶段。

(6) 要构建创新型组织,有必要设立专门的创新管理部门,专事专办,挖掘企业员工的创新潜力。

(7) 建立创新管理部门的必要性在于:成熟的创新型组织在运作过程中会有大量的创新管理事务需要处理;创新管理部门为沟通提供了一个统一的渠道;专职的创新管理部门能够在一定程度上摆脱职权结构的束缚;创新管理部门的建立也是组织转型的体现。

(8) 创新型组织遵循程序化、求真务实及循序渐进的构建原则。

参 考 文 献

[1] Advisory Committee to the National Science Foundation Shaping the Future. National Press Club, 1996(10): 36.

[2] Donald E. Campbell. Invention and the Motivation and the Economics of Information. Cambridge University Press [M]. 1995(2): 45-48.

[3] Eric Rasmussen. Games and Information: An Introduce to Game Theory Blackwell. Personne165 [J]. 1989(1): 35-39.

[4] Kreps D M. A Course in Microeconomic Theory [J]. The Journal of Economic Perspectives, 1990(1): 19-22.

[5] Nonaka I, Takeuchi H. The Knowledge Creating Company: How Japanese companies create the dynamics of innovation [M]. OxfordUniversity Press, 1995.

[6] Rita Colwell, Beyond Barcodes. Wisdom in the Age of Information. National Press Club, April 29, 1999: 14-18.

[7] Rollins T. Pay for Performance: Is It Worth Trouble? [J]. Personal Administrator, 1988 (5): 6-8.

[8] William F Massy. Resource Allocation in Higher Education [M]. The University of Michigan Press, 1996: 66-68.

[9] [英] 珀威茨・K. 阿曼德，查尔斯・D. 谢泼德. 创新管理——情境、战略、系统和流程[M]. 陈劲，等译. 北京：北京大学出版社，2014.

[10] [英]玫・笛德，约翰・本珊特，基思・帕维特. 管理创新——技术变革、市场变革和组织变革的整合[M]. 王跃红，李伟立，译. 北京：清华大学出版社，2008.

[11] 彼得・德鲁克. 21世纪的管理挑战[M]. 1版. 刘毓玲，译. 北京：机械工业出版社，2000.

[12] 陈劲，金鑫，何郁冰，姚威. 突破型高新技术产业组织模式研究[J]. 中国地质大学学报(社会科学版)，2006(4)：8-12.

[13] 陈劲，童亮，戴凌燕. 中国企业 R&D 国际化的组织模式研究[J]. 科学学研究，2003(4)：391-395.

[14] 陈劲，童亮. 联知创新——复杂知识产品系统创新的知识管理[M]. 北京：科学出版社，2007.
[15] 陈劲，王方瑞. 技术创新管理方法[M]. 北京：清华大学出版社，2006.
[16] 陈劲，吴波. 开放式创新下企业开放度与外部关键资源获取[J]. 科研管理，2012(9)：10-21,106.
[17] 陈劲，吴航，金珺. 企业如何实施开放式创新：组织变革的视角[J]. 中国地质大学学报(社会科学版)，2012(1)：74-80,139.
[18] 陈劲，吴航. 企业开放式创新实施机制：项目管理视角[J]. 西安电子科技大学学报(社会科学版)，2012(1)：19-24.
[19] 陈劲，朱朝晖. 我国企业技术创新国际化的资源配置模式研究[J]. 科研管理，2003(5)：76-83.
[20] 陈劲,郑刚. 创新管理——赢得持续竞争优势[M]. 北京：北京大学出版社，2009.
[21] 陈劲. 国家绿色技术创新系统的构建与分析[J]. 科学学研究，1999(3)：37-41.
[22] 陈劲. 永续发展：企业技术创新透析[M]. 北京：科学出版社，2001：5-6.
[23] 陈劲. 复杂产品系统创新管理[M]. 北京：科学出版社，2007.
[24] 陈伟. 创新管理[M]. 北京，科学出版社. 1996.
[25] 陈钰芬，陈劲. 开放式创新：机理与模式[M]. 北京：科学出版社，2008.
[26] 冯炯. 学习型组织的组织系统模型研究[D]. 北京：北京化工大学，2004.
[27] 黄小平. 创建学习型组织的研究[D]. 广州：华南理工大学，2004.
[28] 李玉志. 企业人力资源的激励机制研究[D]. 哈尔滨：哈尔滨工程大学，2004.
[29] 卢显文. 创新型组织：21 世纪企业管理新模式[J]. 大连理工大学学报，2005，26(5)：44-49.
[30] 宋俊雄. 企业创新型团队建设研究[J]. 辽宁经济，2013(4)：88-89.
[31] 托尼·达维拉,等. 创新之道——持续创造力造就持久成长力[M]. 刘勃,译. 北京：中国人民大学出版社，2007.
[32] 王健. 超越性思维：创新启示录[D]. 上海：复旦大学出版社,2003.
[33] 吴慈生，杨艳，苏多清，侯睿. 创新型组织的特征研究[J]. 科技与管理,2008,10(2)：14-17,22.

[34] 薛天祥. 发展是一个“综合”的概念[M]. 北京：高等教育研究，2000.

[35] 杨海愿. 创新型组织的组织结构设计研究[D].上海：同济大学,2006.

[36] 殷辉，陈劲，谢芳. 开放式创新下产学合作的演化博弈分析[J]. 情报杂志，2012(9)：185-190.

[37] 约瑟夫·熊彼特. 经济发展理论[M]. 何畏,等译. 北京：商务印书馆,1990.

[38] 庄强. 以人为本[M]. 北京：企业管理出版社，1997.

第七章 有效沟通

学习目标：理解有效沟通的概念、内容、原则；学会进行有效沟通的方式；了解进行有效沟通存在哪些障碍，如何清除障碍。

第一节　有效沟通的内涵

在一个组织中，畅通而有效的沟通，有利于信息在组织内部的充分流动和共享，有利于提高组织工作效率，有利于加强民主管理，促进组织决策的科学性与合理性。可见，一个组织的沟通效果决定了组织管理效率，在企业的经营管理过程中，如果做好组织沟通，能对促进企业绩效目标的实现起到事半功倍的效果。

一、沟通与有效沟通

沟通是人与人之间、人与群体之间思想与感情的传递和反馈的过程，以求思想达成一致和感情的通畅。在组织中，沟通是维护其整体性的一项十分重要的工作，是组织的无形纽带和润滑剂。具体来说，沟通主要体现在以下几方面。

(1) 沟通意味着信息的传递。信息传递是沟通的实质所在。如事实的描述、情感的交流、价值观的分享、意见观念的陈述等，都是信息传递，如果没有信息的传递，则意味着沟通没有发生。这就要求组织中所有的成员，包括组织领导者在沟通时要善于表达自己的思想，不要让无用的信息淹没自己的主题，更不要做无谓的信息传递。

(2) 沟通意味着双向的交流。沟通必须有信息发送者，也必须有信息接收者；仅仅有信息发送者，事实上不是沟通，或至少不是有效沟通。比如，组织领导者在前面讲述工作的内容，而组织成员却在台下打瞌睡或看报纸，这时的信息接收者是虚置的，这样的沟通显然是无效、无意义的。

（3）沟通意味着对方理解了信息。这主要指的是沟通的有效性。沟通不一定要对方完全接纳自己的观点，但必须理解。完美的沟通（如果其存在的话）应是经过传递后被接收者感知到的信息与发送者发出的信息完全一致。这在跨文化交流中尤其要加以注意。

沟通包括有效沟通和无效沟通两种。沟通的对方无法理解或者因为种种原因不肯接受，这种沟通就是无效的，也可以说是沟而不通。而有效的沟通是指通过听、说、读、写等载体，通过演讲、会见、对话、讨论、信件等方式将思维准确、恰当地表达出来，以促使对方接受。有效沟通的作用体现在以下几个方面。

（1）沟通可以促进组织内成员间的相互了解。沟通可以使组织中下情上传、上情下达，促进彼此间的了解，是人们的一种重要心理需要。一方面，沟通可以解除人们内心的紧张和怨恨，使沟通双方产生共鸣，增进彼此的了解，改善关系；另一方面，如果一个组织信息沟通不畅，成员间的意见难以沟通，则会影响成员的心理健康，甚至影响组织的工作。因此，有效的沟通有利于提高组织内部成员的士气，增进人际关系的和谐，为组织的顺利发展创造"人和"的条件。

（2）沟通可以增强组织凝聚力。有效的组织沟通既可以促进领导者改进管理，又可以激励组织成员的工作热情和管理的积极性，使之提高信心，积极主动地为企业的发展献计献策，增强主人翁责任感，从而增强组织内部的凝聚力，使管理工作更富有成效，企业蓬勃发展。

（3）沟通可以保障组织目标顺利实现。组织运作的目的在于达到组织的共同目标，而达到目标的关键在于组织成员之间的交流和相互理解。一个组织只有通过沟通才能成为一个有机的整体。通过组织沟通，每位组织成员才能清楚地了解每个成员的目标和位置，才能更好地联系与互动，实现自我价值。

（4）沟通可以提高组织决策水平。通过组织沟通，可以充分利用"集体智慧"，并从中产生最佳的决策。当组织要做出重大的决策，实施重要的措施时，组织领导者必须做好良好的沟通工作，包括各种形式的浅层和深层的沟通工作。让更多的成员参与决策，不仅可以增强他们的主人翁责任感，同时可以集思广益，帮助决策。

(5) 沟通可以增强组织的创造力。每个人都有自己的思想、价值观、信念,但并不是所有的想法都会表达出来。组织中大多数的事情都值得花时间去沟通,特别是有的人想法非常敏锐时,或者模棱两可时,很容易激发新思想,如果组织领导者能够把握这种动态,那么组织沟通就会使组织的创造力不断提高。

(6) 沟通可以加速问题解决。通过沟通,可以使组织成员了解在特定的项目中,每个人的任务是什么,也知道怎样把别人的经验为自己所用。每一位成员都小心谨慎,不时地做出调整,这样组织整体的工作得以迅速的进展。这种调整最终影响着整个企业,推动着企业的发展。

案例 案例 7-1

A 对 B 说:我要离开这个公司。我恨这个公司!B 建议道:我举双手赞成你报复!破公司一定要给它点颜色看看。不过你现在离开,还不是最好的时机。A 问:为什么?B 说:如果你现在走,公司的损失并不大。你应该趁着在公司的机会,拼命去为自己拉一些客户,成为公司独当一面的人物,然后带着这些客户突然离开公司,公司才会受到重大损失,非常被动。A 觉得 B 说得非常在理。于是努力工作,事遂所愿,半年多的努力工作后,他有了许多的忠实客户。再见面时 B 问 A:现在是时机了,要跳赶快行动哦!A 淡然笑道:老总跟我长谈过,准备升我做总经理助理,我暂时没有离开的打算了。

其实这也正是 B 的初衷。一个人的工作,只有付出大于得到,让老板真正看到你的能力大于位置,才会给你更多的机会替他创造更多利润。

二、沟通的类型与内容

在组织中,沟通的形式一般有以下几种:①自上而下,由组织领导者向组织成员进行沟通。在组织中,组织领导者需要把信息通报给组织成员,并向他们分派任务,同时为他们提供完成任务所需要的信息,这种沟通过程一般呈阶梯状。②自下而上,由组织成员向组织领导者进行沟通。这种沟通形式指组织成员向组织领导者汇报有关信息，组织领导者再向其上级汇报，以此类推，直到最高层。以上两种沟通形式是目前组织沟通中主要的形式。③水平沟通，组织成员间或组织间的沟通。这种沟通形式大多数情况下是为了简化垂直方向的交流而产生的非正式沟通。组织沟通的内容主要有以下两大部分：第一，信息沟通。信息沟通是组织沟通的主要内容，主要包括组织及成员所需的信息以及组织和成员产生的信息。一般分为正式沟通与非正式沟通两种形式。第二，非信息沟通。非信息沟通包括思想、感情等方面的内容。如组织领导者了解成员对工作的一些真实想法，或成员在生活上和个人发展上的一些其他需求，以下将对信息沟通的两种类型进行阐述。

1. 正式沟通

正式沟通一般指在组织系统内，依据组织明文规定的原则进行的信息传递与交流。例如组织与组织之间的公函来往、组织内部的文件传达、召开会议、上下级之间的定期情报交换等。具体包括以下几种沟通形式。

（1）定期的书面报告。员工可以通过文字的形式向上司报告工作进展、反映发现的问题，主要有周报、月报、季报、年报。当员工与上司不在同一地点办公或经常在外地工作的人员可通过电子邮件进行传送。书面报告可培养员工理性、系统地考虑问题，提高逻辑思维和书面表达能力。但应注意采用简化书面报告的文字，只保留必要的报告内容，避免烦琐。

（2）一对一正式面谈。正式面谈对于及早发现问题，找到和推行解决问题的方法是非常有效的；可以使管理者和员工进行比较深入的探讨，可以讨论不易公开的观点；使员工有一种被尊重的感觉，有利于建立管理者和员工之间的融洽关系。但面谈的重点应放在具体的工作任务和标准上，鼓励员工多谈自己的想法，以一种开放、坦诚的方式进行谈话和交流。

（3）定期的会议沟通。会议沟通可以满足团队交流的需要；定期参加会议的人员相互之间能掌握工作进展情况；通过会议沟通，员工往往能从上司口中获取公司战略或价值导向的信息。但应注意明确会议重点；注意会议的频率，避免召开不必要的会议。

正式沟通的优点是：沟通效果好，比较严肃，约束力强，易于保密，可以使信息沟通保持权威性。重要的消息和文件的传达，组织的决策，等等，一般都采取这种方式。其缺点在于，依靠组织系统层层传递很刻板，沟通速度很慢，此外也存在信息失真或扭曲的可能。

2. 非正式沟通

非正式沟通是指办公室在正式沟通渠道之外进行的各种沟通活动，一般以办公室人员之间的交往为基础，通过各种各样的社会交往而产生。非正式沟通和正式沟通不同，因为它的沟通对象、时间及内容等各方面，都是未经计划和难以辨别的。如上所述，非正式组织是由于组织成员的感情和动机上的需要而形成的。其沟通途径是通过组织内的各种社会关系，这种社会关系超越了部门、单位以及层次。在相当程度内，非正式沟通的发展也是配合决策对于信息的需要的。这种途径比正式途径弹性大，它可以是横向流向，或是斜角流向，一般也比较迅速。在许多情况下，来自非正式沟通的信息，反而会获得接收者的重视。由于传递这种信息一般以口头方式，不留证据、不负责任，许多不愿通过正式沟通传递的信息，却可能在非正式沟通中透露。但是，过分依赖这种非正式沟通途径也有很大危险，因为这种信息遭受歪曲或发生错误的可能性相当大，而且无从查证。尤其与员工个人关系较密切的问题，例如晋升、待遇、改组之类，常常产生所谓的“谣言”。这种不实消息的散布，对于组织往往造成较大的困扰。

非正式沟通主要包括集群连锁、密语连锁、随机连锁、单线连锁四种类型。集群连锁是指在沟通过程中，可能有几个中心人物，由他转告若干人，而且有某种程度的弹性。密语连锁是指由一人告知所有其他人，犹如独家新闻。随机连锁是指碰到什么人就转告什么人，并无一定中心人物或选择性。单线连锁是指由一人转告另一人，他也只再转告一个人，这种情况最为少见。

非正式沟通的优点在于沟通方便，内容广泛，方式灵活，沟通速度快，可用于传播一些不便正式沟通的信息。而且由于在这种沟通中比较容易把真实的思想、情绪、动机表露出来，因而能提供一些正式沟通中难以获得的信息。缺点在于非正式沟通难以控制，传递的信息不确切，容易失真、被曲解，并且，它可能促进小集团、小圈子的建立，影响员工关系的稳定和团体的凝聚力。如果能够对企业内部非正式的沟通渠道加以合理利用和引导，就可以帮助企业管理者获得许多无法从正式渠道取得的信息，在达成理解的同时解决潜在的问题，从而最大限度地提升企业内部的凝聚力，发挥整体效应。

三、有效沟通的原则

要进行有效的组织沟通，还必须掌握以下几个原则。

(1) 进行有针对性的沟通。人们对信息的接收具有偏好性，对不熟悉或具有威胁性的信息他们往往会进行排斥。有针对性的沟通是指在传递信息时要具有目的性及保密性，同一信息对不同的人具有不同的价值。因此，要注意信息传递的目标，确保信息的效用。

(2) 对信息量要有所控制。在组织管理中，由于分级主管部门的角色不同，每个组织成员所考虑的问题不同。因此，在信息传递时，要适当注意量的控制，传递必要的信息，而对需要保密的信息进行保密。同时要注意两种倾向：一是信息过分保密的倾向。过度保密会导致信息阻塞，不利于组织之间的协调与统一。二是随意扩散信息的倾向。在传递信息时，不考虑信息的保密程度，不选择信息传递的对象，将所收集的信息随意扩散，会导致信息混乱。

(3) 要保证所提供的信息是有价值的。在组织工作中，沟通和信息是两个不同的概念，由于信息量非常大，没有必要获取所有的信息，因此，沟通时所提供的信息应该是有价值的、重要的信息。

(4) 保证沟通信息的质量。沟通的质量体现在：信息要多，即在单位时间内传递的信息数量要多；信息要快，即信息传递要迅速、及时，有价值的信息若不能及时传递则可能变得毫无价值；信息要好，即要消除信息传递中的种种干扰，保持信息的真实性；信息要有效益，即以尽可能少的成本获得更多的信息。

(5) 及时反馈。在组织沟通中，及时反馈要求是双向的，即组织成员要经常给组织领导者提供信息，同时接受组织领导者的信息查询；组织领导者也要经常向组织成员提供信息，同时对组织成员提供的信息进行反馈，从而形成一种信息环流。

(6) 限制越级沟通。越级沟通是指抛开管理信息系统，沟通双方直接对话。在组织管理中，不能过多采用这种方式，但在某些特殊情况下可以限制使用。

(7) 控制非正式沟通。对于非正式沟通，要实施有效的控制。尽管在一些情况下，非正式沟通往往能够达到正式沟通难以达到的效果，但是，它也可能成为散布谣言和小道消息的渠道，起到不好的作用。

第二节 有效沟通的方式

在组织进行准确有效的沟通，可以增强组织的凝聚力与员工的认同感，提高组织领导者的管理效率。那么如何使组织上下沟通顺畅，达到无缝隙沟通呢？主要有以下几种方式。

一、自我评价组织沟通

领导和管理的精髓在于认识并了解员工，而认识和了解员工的直接途径便是沟通。员工通过沟通可以了解到管理者的计划和要求，从而保证实施渠道的畅通。具体来说，每一个组织成员可以根据自身的生活范围和交往对象来评价自己的沟通状况，这种自我评价一般可以分为三部分。

(1) 明确自己沟通的对象和范围。不同的组织成员有不同的沟通情境和沟通对象，可根据自己的情况来列清单，从而对自己的沟通范围和对象建立一个明确的概念。

(2) 自我评价沟通状况。在进行自我沟通状况评价时，可以通过以下几个问题的反问来进行：对哪些情境的沟通感到有心理压力？对哪些情境的沟通感到愉快？最愿意保持沟通的对象是哪些类型？最不喜欢与哪些人沟通？能否经常与多数人保持愉快的沟通？是否经常感到自己的意思没有说清楚？是否经常误解别人，事后才发觉自己错了？是否经常懒得给别人写信或打电话？等等。通过回答上述问题，可以对自己的沟通状况有比较全面的了解，还可以判断自己的组织沟通状况。

(3) 评价自我的沟通方式。沟通主动性和沟通专注水平是评价沟通方式是否有效的两个准度。沟通主动性是评价我们在进行沟通时，究竟是主动去沟通，还是被动接受沟通。主动沟通者沟通对象广泛，沟通内容不拘一格，容易通过沟通与别人建立并维持广泛的人际关系。而被动沟通者的倾向则正好与主动沟通者相反。沟通专注水平评价的是沟通者的投入程度，沟通专注水平高的沟通者，不仅可以注意到自己所发出的信息的指向性、准确性和对方的可接受性，而且对于对方的反馈过程保持高度注意。沟通专注水平低的沟通者，他们的注意力往往容易分散，发出的信息不能很好地与自己的沟通意图相应，尤其是不能很好地注意对方的反馈和给予对方充分的反馈。

二、善于换位思考

在组织沟通中，会遇到沟通思维方式、世界观、人生观、价值观、社会规范、物质文化、语言、非语言等诸多方面的差异。每一个组织成员都拥有不同的角色与身份，且成员之间存在复杂的人际关系，这些都将影响组织成员的沟通效率。为此，要想让组织顺畅沟通，学会换位思考是必要的。在组织沟通中，通过换位思考可以使组织成员相互了解，相互尊重，增强信心，建立信任关系。因此，换位思考是组织沟通的"润滑剂"，同时换位思考也需要注意以下几点。

(1) 换位思考只适宜上对下。在组织沟通中，换位思考在使用中具有方向性，只适宜上级对下级或商家对顾客换位思考，而不能要求下级对上级换位思考。

(2) 换位思考只宜律己。换位思考一般只要求自己换位思考，为组织成员着想，为客户着想，而不能要求别人为自己着想。

(3) 换位思考应形成一种氛围。换位思考实质上是人本管理的表现，强调满足人的心理要求，通过潜移默化而非规章制度来树立"人人为我，我为人人"的观念。因此，只有把换位思考作为组织文化的一个组成部分，融入每个成员的灵魂深处，才能形成管理上的良性循环,促进组织的发展。

(4) 换位思考重在行动。换位思考在组织管理中强调重视人情,默默做到的效果,要强于先讲出来再付诸行动。在组织沟通中,运用换位思考的方式可以使沟通更有说服力。

三、巧用组织沟通技巧

作为组织成员应该善于与自己组织内的其他成员进行交流,使组织沟通更加通畅,营造开放的组织沟通氛围,鼓励组织成员自由沟通,促进组织工作走向卓越。

具体来说,组织沟通的技巧有以下几种。

1. 积极倾听的技巧

有效的组织沟通是双向的行为,要使沟通有效应当积极投入交谈。但是组织领导者很多时候都是处于被动地位在听,没有主动地对信息进行搜寻和理解。积极的倾听要求组织领导者把自己置于组织成员的角色上,以便于正确理解他们的意图。当组织领导者听到与自己的观点不同的意见时,不要急于表达自己的意见,否则会漏掉余下的信息。积极倾听,应当是接受他人所言,而把自己的意见推迟到说话人说完之后。具体的倾听技巧有以下几个。

(1) 保持目光接触。倾听的态度必须诚恳,使用目光接触。因为你在用耳朵倾听,而对方却在通过眼睛来判断你是否在倾听,而且与沟通的人进行目光接触可以使你集中精力,减少分心的可能性,并鼓励说话的人。

(2) 用肢体手势表示倾听。有效的倾听者会对听到的信息表现出兴趣。如何表示呢?就是通过非语言信号,例如,赞许性的点头、恰当的面部表情与积极的目光接触等相配合,向说话人表明你在认真聆听。

(3) 不做过多的举动或手势。组织领导者在倾听时,要避免那些走神的举动。

(4) 在倾听的时候,注意不要进行下面这类活动:看表、心不在焉地翻看文件、拿着笔乱写乱画等。这会使说话者感觉到你很烦或者不感兴趣。另外,也表明了你没有集中精力,因而可能会遗漏一些说话者想传递的信息。

(5) 及时提问。倾听者可提出问题，这表明沟通是双向的，并显示了理解的程度。当然，也表明你在倾听。

(6) 适时复述。这是指用自己的话重复说话者的内容。有效的倾听者经常使用这样的语句："你的意思是……"或者"我听你说的是……"为什么要重复已经说过的话呢？有两个原因：首先，这是检查是否真正倾听的有效手段；其次，这是沟通精确性的控制机制。用自己的语言重复说话者的内容，并反馈给对方，可以检验自己理解的正确性。

(7) 不打断交谈。在做出反应之前应当让说话者讲完自己的想法。在说话的时候不要去猜测对方的想法，当对方说完之后，自然就知道了。

(8) 多听少说。大多数人都乐于畅谈自己的想法而不是聆听他人说话。尽管这样可能更有趣而沉默使人不舒服，但我们不可能做到同时听和说。一个沟通高手知道这个道理，并且不会多说。

2. 准确表达的技巧

准确清晰地表达思想是进行组织有效沟通的前提，而这种技巧的形式是建立在信息的有效组织的基础上的，因而掌握信息的组织技巧对组织沟通很重要。作为组织领导者，要想明确表达必须掌握以下几种方法。

(1) 进行沟通时，要想清楚希望表达些什么。如果沟通的内容很重要，如分配最新工作任务，要提前写下目标及希望达到的效果。

(2) 从一些能够引起听者兴趣的话题聊起。什么最吸引他们的注意力，就从什么说起。

(3) 在与组织成员沟通时，要根据组织成员的偏好、特征轮廓以及文化水平选择表达的方式。当与多元化组织交流时，可根据组织中具有代表性的大多数成员来措辞。对于那些主要的、你不希望任何人漏掉的观点，先给出一个笼统的说明，然后再给出相关的例子进行阐述，或者给出一些更为详细、具体的解释。

(4) 在开始讲下一个内容时，检测一下组织成员的理解力，提出一些问题，如："我想确定我是不是说清楚了，大家有问题吗？"

(5) 坚持自己的观点，不要漫无边际地闲聊，也不要脱离主题，不要让别人牵着走。

3. 使用肢体语言的技巧

在进行组织沟通时，尤其是在倾听组织成员的发言时，还应当注意通过非语言信息来表示对对方的话的关注。如点头、恰当的面部表情、积极的目光配合，不看表、翻看文件、拿笔乱画乱写等。

据有关部门研究，在面对面的沟通中，一半以上的信息不是通过词汇来传达的，而是通过肢体语言来传达的。要使沟通富有成效，组织领导者必须注意自己的肢体语言与自己所说的话的一致性。如告诉组织成员你很想知道他们在执行任务中遇到了哪些困难，并乐意提供帮助，但同时你又在浏览其他的东西，这便是一个"言行不一"的信号。组织成员会怀疑你是否真正地想帮助他。

4. 掌握组织会议的技巧

会议是组织运作过程中的主要活动。许多事情和需求可以通过有效的会议使组织的互动达成共识。解决问题、制定决策、确立目标、进度报告、绩效评估、计划和安排工作、培训和发展等，这些都可以通过会议来有效解决。每个会议都包括两个不可或缺的因素：会议内容和过程控制。

案例 案例 7-2

四个年轻人想要出家，法师考问年轻人为什么要出家？

年轻人 A：我爸叫我来的。

法师：这样重要的事情你自己都没有主见，打 40 大板。

年轻人 B：是我自己喜欢来的。

法师：这样重要的事情你都不和家人商量，打 40 大板。

年轻人 C：不作声。

法师：这样重要的事情想都不想就来了，打 40 大板。

如果你是年轻人D,会怎么和法师沟通呢?

在法师和年轻人的沟通中,年轻人要出家和法师收弟子是目的,共识是和谐出家。

年轻人D:我受到法师的感召,我很喜欢来,我爸也很支持我来!

四、有效利用沟通渠道

所谓沟通渠道,是指信息在沟通时流动的通道。这些流动的通道可以分为两种:正式沟通渠道和非正式沟通渠道。每种渠道又有许多种表现形式。在组织中,这两种渠道是同时存在的,组织领导者应该有效地利用这两种渠道来提高组织沟通的效率。

1. 正式沟通渠道

正式沟通渠道有以下五种:

(1) 链式。链式沟通指在平等网络中,居于两端的人与居于中心的人联系,居中的人则可以与两端的人沟通信息。这是一个平行网络,其中居于两端的人只能与内侧的一个成员联系,居中的人则可分别与两端的人沟通信息。在一个组织系统中,它相当于一个纵向沟通网络,代表一个五级层次,逐渐传递,信息可自上而下或自下而上进行传递。在这个网络中,信息经层层传递、筛选,容易失真,各个信息传递者所接收的信息差异很大,平均满意程度有较大差距。此外,这种网络还可表示组织中主管人员和下级部属之间中间管理者的组织系统,属控制型结构。在管理中,如果某一组织系统过于庞大,需要实行分权授权管理,那么,链式沟通网络是一种行之有效的方法。

(2) 环式。环式沟通指五级层次中5个人之间依次联络和沟通。其中,每个人都可同时与两侧的人沟通信息。此形态可以看成是链式形态的一个封闭式控制结构,表示5个人之间依次联络和沟通。在这个网络中,组织的集中化程度和领导人的预测程度都较低;畅通渠道不多,组织中成员具有比较一致的满意度,组织士气高昂。如果在组织中需要创造出一种高昂的士气来实现组织目标,则环式沟通是一种行之有效的措施。

(3) Y式。Y式结构表示几个层次的逐级传递，只有一个成员位于中心，成为沟通的媒介。这是一个纵向沟通网络，在组织中，这一网络大体相当于组织领导、秘书班子再到下级主管人员或一般成员之间的纵向关系。这种网络集中化程度高，解决问题速度快，组织中领导人员预测程度较高。除中心人员外，组织成员的平均满意程度较低。此网络适用于主管人员的工作任务十分繁重，需要有人选择信息，提供决策依据，节省时间，而又要对组织实行有效的控制。但此网络易导致信息曲解或失真，影响组织中成员的士气，阻碍组织提高工作效率。

(4) 轮式。轮式沟通指最初发现者直接将信息同步辐射式发送到最终受信者。这属于控制型网络，在组织中，大体相当于一个主管领导直接管理几个部门的权威控制系统。此网络集中化程度高，解决问题的速度快。主管人的预测程度很高，而沟通的渠道很少，组织成员的满意程度低，士气低落。轮式网络是加强组织控制、争时间、抢速度的一个有效方法。如果组织接受紧急攻关任务，要求进行严密控制，则可采取这种网络。

(5) 全通道式。全通道式沟通指各个人之间都可自由地进行沟通并充当中心人物。这是一个开放式的网络系统，其中每个成员之间都有一定的联系，彼此了解。此网络中组织的集中化程度及主管人的预测程度均很低。由于沟通渠道很多，组织成员的平均满意程度高且差异小，所以士气高昂，合作气氛浓厚。这对于解决复杂问题、增强组织合作精神、提高士气均有很大作用。但是，由于这种网络沟通渠道太多，易造成混乱，且又费时，影响工作效率。

2. 非正式沟通渠道

非正式沟通渠道是指正式组织途径以外的信息流通程序，其传递的信息即“小道消息”。非正式沟通渠道无所谓好坏，主要在于组织领导者如何运用。在相当程度上，非正式沟通是形成良好组织氛围的必要条件。通过这种沟通途径来交换或传递信息，常常可以满足个人的某些需求。例如，人们由于某种安全的需求，乐意探听有关人事调动之类的消息；朋友之间交换信息，则意味着相互的关心和友谊的增进，借此更可以获得社会需求的满足。

在传统的管理及组织理论中，并不承认这种非正式沟通的存在，即使发现有这种现象，也认为要将其消除或降到最低程度。但是，当代的管理学者知道，非正式沟通现象的存在根深蒂固，是无法加以消除的，应该加以了解、适应和整合，使其有效担负起沟通的重要作用。过分利用非正式沟通，会冷落或破坏正式沟通系统，甚至组织结构。而设法自非正式沟通中探听消息，其结果会造成组织背后的一套“谍报网”和打“小报告”者，从而带来管理上的问题。对于非正式沟通所采取的立场和对策是。

(1) 非正式沟通的产生和蔓延，主要是由于人员得不到他们所关心的消息。因此，主管者越故作神秘，封锁消息，则背后流传的谣言越加猖獗。正本清源，主管者应尽可能使组织内沟通系统较为开放或公开，则种种不实的谣言将会自然消失。

(2) 要想阻止已经产生的谣言，与其采取防卫性的驳斥，或说明其不可能的道理，不如正面提出相反的事实更为有效。

(3) 闲散和单调乃是造谣生事的温床。为避免出现这些不实的谣言，扰乱人心士气，主管者应注意，不要使组织成员有过分闲散或过分单调枯燥的情形出现。

(4) 最基本的做法，乃是培养组织成员对组织管理当局的信任和好感，这样他们比较愿意听组织提供的消息，也较易相信。

(5) 在对于组织主管人员的训练中，应增加这方面的知识，使他们有比较正确的观念和处理方法。

五、发扬民主风格

组织领导者在组织中的作用举足轻重。领导者个人的性格特征、管理风格与组织沟通方式是密切相关的。有关部门研究和实践运作表明，民主型组织领导风格是最适于组织沟通的。所以作为组织领导者要努力发扬自己的民主领导风格。领导者只在必要时进行引导，工作的基本信息是成员能用自己的资源去实现自己的目标，成员从这些信任和自己的决策中得到满足，因此，组织的沟通效率相当高，而这正是民主风格的组织领导者的特征。

在民主风格的组织沟通中，一般表现出群体导向的行为，目的在于取得群体目标和群体成员的满意度。主要表现在：

(1)“参与制”的管理。在需要改善管理方法时，让所有的人参与决定，告诉他们做出改变的理由，使他们了解整个方案的制订过程与结论，从而能自觉地执行。

(2) 可以让组织成员感到被重用。这样会让组织成员参与感更强，责任心也会更强，组织成员知道如何去做，如何做好。

(3) 有利于各组织之间的配合与协调。各个组织不仅知道自己干什么，而且也知道相关组织干什么，因此就可以协调工作，避免不必要的重复劳动和因为不熟悉情况而造成的失误。

(4) 使员工有主动精神。工作起来，知其然更知其所以然，就可以发挥员工的主动创造精神，提出更好的方法来达到目的。不要束缚组织成员的手脚，才能使成员的能力充分发挥。

六、其他沟通方式

除了上述沟通方式以外，还存在多种其他沟通方式。

1. 因人而异

组织是由不同的成员组成的，为此每个组织领导者都会碰到与个别成员谈话的问题，优秀的组织领导者多半是很会谈话的人，不管多么困难的事，多么难缠的人，都能应对自如。而不善于沟通的组织领导者则往往会使谈话陷入僵局。组织成员由于不同的出身和经历、不同的文化程度和性格、不同的年龄和性别等，都有不同的心态，而且影响着对外部信息的接收和理解，所以作为组织领导者在与个别组织成员沟通时要因人而异，采取不同的谈话策略。

一般来说，对文化水平较低的组织成员，与他们沟通时要深入浅出，多讲些实实在在的事；而对文化水平较高的组织成员，与他们沟通时道理要讲得深入一些，言辞要文雅并注意逻辑性。对性格开朗的组织成员，由于他们喜欢快人快语、不喜欢转弯抹角，与其谈话可以开门见山、直截了当；而对性格内向的组织成员，由于他们往往思想含蓄而深沉，对他们谈话不能过于直接。对于年纪稍大、阅历丰富的组织成员，与其谈话切忌说教；而对于年轻、阅历浅、涉世不深的组织成员，与他们谈话则应该多讲些道理。

总之，作为组织领导者，在与组织成员谈话时一定要因人而异，这样才能保障沟通的顺畅。

2. 把握"出手"的时机

这里所说的"出手"指的是组织领导者在沟通中的表态问题。对于组织成员来说，表态则可能是提出要求，也可能被认为是对事的定论。因此，组织领导者的表态绝不可以随心所欲。表态要有根据，既不能做老好人，也不能一味得罪人，领导者的角色地位决定了其必须持重练达，不论讲什么话、表什么态，都不能超越一定的原则限度，无原则地肯定或否定。组织领导者遇到矛盾冲突和棘手之事时，既不能一推了之，也不能为一己私利取悦于人，放弃责任。组织领导者的表态，应在坚持原则的基础上，发挥灵活性，则更容易达到事半功倍的效果。

组织领导者在表态之前应做到，清楚地了解问题的真正含义和问题的真正意图，设法获得足够的思考时间，考虑好是直接表态，还是委婉表态，对不值得表态的问题不必表态。表态时，应做到因事因人而异，对关系复杂、不易把握的问题，组织领导者应委婉地表态。总之，组织领导者应把握时机，注意场合，适时表态，才能起到沟通的作用。

3. 收放自如，张弛有度

组织沟通是为了使彼此间的交流，或对某个问题能够统一认识。有时话不投机，有时又会"酒逢知己"。无论哪种交谈，愉快地开始，高兴地结束，都是促成组织畅通沟通的有效手段，尤其是结束得好，犹如一场戏演到高潮时落幕结束一样，会给人留下无穷的遐想和回味。具体来说，可以从以下几方面入手。

(1) 见好就收。成功的谈话，结束时应该是一个"剧情高潮"，不一定非得到无言相对时才结束。谈话的主题明确后，最好不要再节外生枝地无端延长话题。毫无准备的谈话，东一句、西一句地胡扯，往往难以使双方感到满意。所以，当谈话内容完成时，就应该及时结束。

(2) 意尽而收。如果与组织成员的话题尚在争议，未获得一致意见时，突然把谈话结束是不可取的。即使是有时间限制，也应该在取得协调意见时使谈话告一段落。谈话出现僵局或谈话正在兴头时结束也不适宜，因为这会使这位组织成员的情绪处于未宣泄的压抑状态，这不利于下次谈话的开始和进行。在有条件的情况下，一定要力图使谈话达到意尽，然后再结束谈话。

(3) 适时结束。在与组织成员谈话时，要随时留意对方的暗示。如果对方对所谈的话题不感兴趣，多半会不自然地以分心的姿态要求改变话题。而如其希望结束谈话，则表现的程度更深些，对方或许会频频看表，或对谈话只是哼哈应付或干脆不做任何表示，那么谈话无疑应该结束了。

(4) 不节外生枝。当谈话的主题即将结束，双方谈兴已趋平稳时，就不要再另辟话题了。经过一定的谈话稀疏过程，谈话将会自然结束。如果谈话受某件预约事情的限制而只能简短，就应该在谈话之前向对方说明，以使对方有所准备。一次谈话结束后，其过程常常会印象更深地留在对方的脑海中。

4. 运用等距离沟通

真正有效的沟通应建立在平等的基础上，如果沟通者之间无法做到等距离，其间所进行的沟通一定会产生相当多的副作用。俗话说："领导偏心，部属寒心。"人是有社会性的，一个人一旦发现自己同他人所处的地位不平等，其积极性就会受到极大打击。获得上司宠爱者自是心花怒放，但其余的员工便会产生对抗、猜疑和放弃沟通的消极情绪，沟通工作就会遭遇很大抵抗力。保持同等的工作距离，不要和直接上司、下属产生私人感情，领导者在与员工关系的处理上要一视同仁，不分亲疏。不可因外界或个人情绪的影响，表现得时冷时热。这便是沟通平等化、公开化的重要所在。

第三节　化解组织沟通的障碍

员工通过沟通可以了解到领导者的计划和要求，从而保证实施渠道的畅通，但是在实际的组织沟通中，常常会由于种种原因产生组织沟通障碍，如何化解这些沟通障碍就成为组织领导者的重要任务。

一、沟通障碍

沟通过程包括信息发送者、信息和接收者三个要素，在收到信息后，还包括理解、反馈等行为，其中任何一个环节发生错误，都有可能导致沟通障碍的产生，影响沟通效果。一般来说，沟通障碍有以下三种。

1. 接收障碍

接收障碍包括环境刺激和接收者的个人感知两方面。首先，环境刺激形成的障碍。如果双方在一个嘈杂的环境中交谈，常常会因为听不清对方的意思，而使谈话变得漫不经心，甚至中断。所以，选择适当的环境进行信息沟通是非常重要的。其次，接收者的个人感知对沟通的影响。感知在人们认识、选择和理解外部环境刺激的过程，很大程度上受到个人生理、心理、生活经历等众多因素的影响。即使是在同一环境，对于同一信息，由于个人感知的不同，对信息的理解也不同。因此，由于个人感知的差异，个人会对需要沟通的信息产生不同的理解，从而影响沟通的有效性。

有时候交流双方无须多说或多做解释，双方就理解了对方的意思，甚至包括那些隐藏在语言后面的意思。为什么会出现这种情况呢？这主要取决于双方的长期交流经验，或者双方具有相同的知识背景、相同的工作生活环境，或者遇到过同样的问题。因此，当对方要表达某种信息时，接收者实质上是在这些环境和知识背景的帮助下，去理解对方表达的意思，这样双方很容易沟通。

2. 理解障碍

理解障碍主要包括语言和语义的问题、地位差别、信息的长度与数量三个方面。

(1) 由语言和语义引起的理解障碍。信息沟通大多数是通过语言进行的,任何一个文字或一句话,都存在多种含义,人们在进行语言表达时,都会按照自己的情况赋予语言特定的含义。同时,由于不同民族的语言意义不同,语言不仅反映个人性格,而且反映社会的文化,因此在沟通时难免存在语义障碍。

(2) 由地位差别引起的理解障碍。大量研究表明,组织成员之间自发的沟通往往发生在同地位的人之间,如组织成员和组织成员之间,因为是同地位的人进行沟通,人们往往没有压抑感。而与地位有差异的人进行沟通,则可能存在压抑感。因为毕竟上下级之间存在差距,上级具有权威,可以决定对下级的惩罚和奖励,因此过分强调地位的差别,容易对下级心理造成压力和恐惧,造成沟通上的障碍。同时,人们还经常根据一个人地位的高低来判断沟通信息的准确性,相信地位高的人提供的信息是准确的。也就是说不重视信息本身的性质,而是着重信息提供者或接收者。另外,有的人表现出愿意同地位较高的人进行沟通,而对地位较低的人的意见则不重视,甚至否定。

(3) 由信息的长度与数量引起的理解障碍。信息在传递过程中,每多传达一层就多一些损耗,一般每经过一个中间环节就要丢失30%左右的信息。同时在传递过程中,还有可能加强或扩大信息的某些特征,尤其在口头沟通中,这种情况尤为明显。虽然信息沟通对于组织来说是非常重要的,但并非信息越多越好。在某些情况下,过多的信息沟通行为不但无助于组织的沟通,反而会妨碍信息沟通。信息过多会使人们根本无法或没有能力进行处理。因此,合理的信息沟通,其重点在质不在量。

3. 接受障碍

接受障碍包括怀有成见,传递者和接收者之间的矛盾。首先,怀有成见引起的接受障碍。如果组织成员对组织领导者有成见,即使组织领导者传达了正确的信息,组织成员也会认为信息可能是假的。反过来说,如果一位组织领导者对其组织成员有成见,那么,组织成员的上报材料即使是实际情况的反映,组织领导者也很有可能认为材料里面含有“水分”。其次,传递者和接收者之间的矛盾引起的接受障碍。在接收信息时，接收者的感觉也会影响到其对信息的解释。如果在传递者和接收者之间存在矛盾，那么接收者在接受信息时，会自觉或不自觉地产生强烈的情绪化。这种状态常常使我们无法进行客观而理性的思维活动，以致出现情绪化的判断。

二、如何进行无障碍沟通

在组织工作中，不仅要有全局观念及与人合作的愿望，还要有组织沟通的技巧，以进行组织的无障碍沟通。具体来说，组织无障碍沟通的技巧有以下几种。

1. 对沟通的内容有正确清晰的理解

首先，重要的沟通最好要事先征求他人的意见，确定沟通的问题与目的，沟通双方明确主题。其次，信息沟通中心的信息必须是明确的。即所用的语言和信息传递方式必须能被接收者所理解。提出信息并用别人能理解的文字、语言、口气来表达，是信息发出者的责任，为此，要求信息发出者有较好的语言表达能力或文字表达能力，并熟悉其下级、同级和上级所用的语言。只有坚持这个原则，才能克服信息沟通中的障碍。此外，沟通内容要言之有物，有针对性、语意确切，尽量通俗化、具体化和数字化，避免含混的语言，更不要讲空话、套话和废话，即沟通的内容对于接收者来说是有价值的。

2. 主动积极聆听

主动积极聆听是通过言辞及非言辞信号向他人表达信息，使对方明白自己不仅能听到而且能听懂的沟通技能。这意味着不要评价、判断及辨别别人所说的是否合理，而要向对方提供一些可自由发挥的问题，这些问题应该非常具体，有利于进一步展开话题。在组织沟通中，不能只是把自己的意见、想法表达出来，更重要的是要用心聆听对方所传达的信息，如此才能真正达到双向沟通的目的。

3. 交流同步进行

在组织沟通中，彼此认同是实现直达心灵的沟通的前提，可以使沟通更加顺畅。认同经由同步而来，沟通关系都是从同步开始迈出第一步的，同时认同的目的就是同步，两者相辅相成。同步是沟通的第一步，应该首先理解。同步就是沟通双方经过协调后所形成的，有意要达到同样目标时所采取的相互呼应、步调一致的态度。它意味着沟通在经过彼此的默许和暗示之后朝向顺利的方向发展。沟通双方开始从相互的角度看问题时，同步就开始了。此时，彼此都寻找共同点，各种共同点综合起来，沟通的可行性就大了。所以说，要沟通就得寻求同步。

4. 利用感情交流

感情在组织内上下级和同级之间的人际关系方面有非常重要的作用。另外，信息沟通对营造一个激励人们为组织目标而工作的环境有重要作用。

章末小结

(1) 有效沟通能促进组织内成员间的相互了解，增强组织凝聚力，保障组织目标顺利实现，提高组织决策水平，增强组织的创造力，加速问题解决。

(2) 组织沟通意味着信息的传递、双向的交流、对方理解了信息。

(3) 组织沟通包括信息沟通、非信息沟通。

(4) 有效的组织沟通原则包括进行有针对性的沟通、对信息量要有所控制、要保证所提供的信息必须是有价值的、保证沟通信息的质量、及时反馈、限制越级沟通、控制非正式沟通。

(5) 有效沟通的方式包括自我评价组织沟通、换位思考、巧用组织沟通技巧、有效利用沟通渠道、发扬民主风格等。

(6) 自我评价组织沟通包括明确自己沟通的对象和范围、自我评价沟通状况、评价自我的沟通方式。

(7) 换位思考的领导者应该注意换位思考只适宜上对下、换位思考只宜律己、换位思考应形成一种氛围、换位思考重在行动。

(8) 组织沟通技巧包括积极倾听、准确表达、使用肢体语言、掌握组织会议技巧。

(9) 有效沟通渠道包括正式沟通渠道和非正式沟通渠道。正式沟通渠道包括链式沟通、环式沟通、轮式沟通、全通道式沟通、Y 式结构。

(10) 沟通障碍包括接收障碍、理解障碍、接受障碍。

(11) 组织无障碍沟通的技巧包括对沟通的内容有正确清晰的理解，主动积极聆听，交流同步进行，利用感情交流。

参考文献

[1] Cameron G T, McCollum, T. Competing corporate cultures: A multi-method, cultural analysis of the role of internal communication [J]. Journal of Public Relations Research, 1993, 5(3): 217-250.

[2] [美]哈佛商学院出版公司编. 组织管理[M]. 王春颖,译. 北京:商务印书馆,2008.

[3] [美]琳达希尔. 上任第一年1:从业务骨干到团队管理者的成功转型[M]. 2版. 罗波,译. 北京:机械工业出版社,2016.

[4] [英]霍尔莫斯. 自我发展与组织管理[M]. 北京:中央广播电视大学出版社,2007.

[5] 邓靖松. 组织信任与管理[M]. 北京:清华大学出版社,2013.

[6] 吕明泽. 组织建设与管理沟通[M]. 北京:北京理工大学出版社,2014.

[7] 施杨,李南. 组织有效沟通与共享心智模式的构建[J]. 科学管理研究,2007(1):102-105.

[8] 束义明,郝振省. 高管组织沟通对决策绩效的影响:环境动态性的调节作用[J]. 科学学与科学技术管理,2015(4):170-180.

[9] 宋伟. 项目组织与组织管理[M]. 北京:机械工业出版社,2007.

[10] 唐贵瑶,于冰洁,陈梦媛,魏立群. 基于人力资源管理强度中介作用的组织沟通与员工创新行为研究[J]. 管理学报,2016(1):76-84.

[11] 汪秀婷,杜海波,江澄,张沥之. 技术创新网络中核心企业对创新绩效影响:沟通和信任的中介作用研究[J]. 科学学与科学技术管理,2012(12):37-44.

[12] 王永丽,邓静怡,任荣伟. 授权型领导、组织沟通对组织绩效的影响[J]. 管理世界,2009(4):119-127.

[13] 吴隆增,刘军,梁淑美,吴维库. 辱虐管理与组织绩效:组织沟通与集体效能的中介效应[J]. 管理评论,2013(8):151-159.

[14] 吴杨,李晓强,夏迪. 沟通管理在科研团队知识创新过程中的反馈机制研究[J]. 科技进步与对策,2012(1):7-10.

[15] 杨付,张丽华. 组织沟通、工作不安全氛围对创新行为的影响:创造力自我效能感的调节作用[J]. 心理学报,2012(10):1383-1401.

[16] 姚裕群. 组织建设与管理[M]. 北京:首都经济贸易出版社,2013.

[17] 叶飞,陈春花. 分布式科研组织的动态协调沟通策略研究[J]. 科研管理,2002(4):6-10.

第八章

创新激励机制

学习目标：了解创新机制的理论基础；了解创新机制制定的理论框架；在熟练掌握创新机制制定方法的基础上，运用相关方法模拟企业创新机制的设计实践。

第一节　创新激励机制的理论基础

企业的创新来源于一个个的主体，人的创新是企业创新的另一种表现形式，本节通过对激励机制及创新机制理论基础的剖析，试图为创新激励机制的设计与实践奠定基础。机制是指系统内各子系统、各要素之间相互作用、相互联系、相互制约的形式及其运动原理和内在的、本质的工作方式。因此，所谓激励机制是指在组织系统中，激励主体通过激励因素和激励对象（或称激励客体）之间相互作用的方式。也就是在组织中用于调动组织成员积极性的所有制度的总和。

组织激励机制度包括诱导因素集合、行为导向制度、行为幅度制度、行为时空制度、行为归化制度五个方面。诱导因素集合是指满足一个人的某种需要，激发一个人的某种行为，诱导他要做出一定绩效的因素集合。需注意的是每个成员的需求不同，对于不同的人，诱导因素也不一样。行为导向制度指对激励对象所希望的努力方面和所倡导的价值观的规定。要求组织在制定激励制度时明确所期望的行为方式和应秉承的价值观，使组织成员的行为朝向明确的目标和方向。行为导向制度集中表现为组织文化激励。行为幅度制度指对由诱导因素所做的行为强度的量的控制措施，使员工的努力程度调整在一定范围内，以防止激励依赖性和抗激励性的产生。行为时空制度指诱导因素作用于激励对象在时间、空间上的规定。在这方面的规定可以防止激励客体的短期行为和地理无限性，从而使其行为方式具有一定的持续性并在一定的时期和空间范围内发生。行为归化制度是指对激励客体违反行为规范的事前预防和事后处理。激励机制是上述制度的总和，激励机制由激发和制约两个方面的制度共同构成。激励机制正当、健康地运行对组织、团体、个人的工作效率至关重要。

对于企业而言，企业激励机制与创新机制都极其重要，前者是企业管理机制的基础之一；后者是企业长期可持续发展的关键。因此，构建企业创新激励机制在当前至关重要，在建立创新激励机制之前必须对其理论基础，即对创新激励机制理论有一个非常清晰的认识。所谓企业创新激励机制理论就是以激励理论和创新理论为基础，探讨企业创新的动力、维持、激发的理论，该理论可以为企业创新管理提供理论指导。企业创新激励机制理论主要涉及三个方面的内容：探讨企业创新的动机与动力、动力的助长，有效促进创新动力因素的产生；对企业创新行为的过程进行有效的激励管理；对企业创新成果进行有效激励。

一、企业创新动机

在企业人才创新的过程中，创新动机是创新主体的内在动力，是创新行为发生和持续的重要原因。企业创新主体的创新动机是多方面的。一般而言，企业创新动机主要有以下几种。

1. 创新的心理需要

创新的心理需要是指创新主体对某种创新目标的渴求或欲望。根据马斯洛需要层次理论，人都有自我实现的需要，人们希望完成与自己的能力相称的工作，使自己的潜在能力得到充分的发挥，成为自己所期望成为的人物。创新的心理需要作为创新主体对某种创新目标实现的欲望，实际上是创新主体希望自己的创新能力能够在创新的过程中得以发挥。创新心理需要可以认为是人的需要的最高层次之一。创新主体的创新心理需求随着自己对个人成就、自我价值、社会责任、企业责任等的追求而变化，然后在各种创新刺激的作用下产生。在内部环境的刺激下，创新主体的创新心理需求可能反复产生。按照心理学所揭示的规律，动机支配人的行动，而动机本身则产生需要。当人们的某种创新需求不能满足时，在心理上会出现一种不安和紧张状态，成为一种内在的驱使力，则为动机。有了动机就要选择或寻找目标（目标导向行动）。当目标找到后，就要进行满足需要的活动，然后需求满足，紧张消除，新的创新需求产生，造成新的创新行为。

2. 成就感

成就感是成功者对所取得成就而产生的一种心理满足。许多创新主体进行创新的直接动机就是追求成就和成就感。相对而言，金钱对他们而言，激励作用远比成就感小。对他们而言，创新工作上取得成功或者解决了难题，从中所得到的乐趣和心理满足，超过了物质上的激励。为此，具有成就感的创新主体更容易在艰苦的创新过程中保持顽强的进取心，推动自己不达目标誓不罢休。成就感通常只有成功的创新主体才具备，因为如果创新经常不能成功，创新主体的成就感就不会存在，原有的一点成就感也会慢慢地消失。但创新主体追求成就仍旧是维持创新行为的动机。尽管这种成功未必给他带来许多经济利益，但却能为其带来尊重。在当代竞争激烈的社会，有时候成就感与他人的尊重会远比经济利益更为重要。

3. 经济性动机

在现实的生活中，经济性的因素也必须考虑，因此，也不排除创新主体对经济性收入的需要而产生创新行动。创新主体在创新时可能有两种经济性动机：第一是企业的经济效益；第二则是为了自己个人利益的增加。在现实生活中这两种经济性的动机是互相联系的。如果创新行为不能为企业带来经济效益，资源的配置率不能提高，则创新行为对企业毫无意义，企业也不会给予创新主体经济性的报酬来奖励其创新行为。既然创新主体的创新行为有经济性动机，那么在企业管理之中，就应对此给予充分的重视，以促进企业创新行为的不断发生，也能持续不断地为企业注入活力，降低企业经营成本，促进企业长期可持续发展。我们必须认识到创新行为的经济性动机是能满足创新主体基本生理、安全需要的基础。因此，必须在进行创新行为激励时把经济性动机的满足作为基础，才能带动满足创新主体其他的创新动机。

4. 责任心

责任心是创新主体另一项重要的创新动机，如果创新主体在其工作范围内是一位责任人，就要对其所做的工作负责。只有具备高度责任心的人才会去寻找当前工作的毛病和缺陷，希望从中找到改进的方法，并进行创新从而使自己的工作做得更好。责任心分为社会的、企业的和个人的。这种责任心会使企业创新主体在潜意识中产生一种使命意识，促使创新主体能够坚持不懈地努力，最终获得成功。责任心既可以在创新主体所处的工作岗位产生，也可以由竞争压力所造成。不管创新主体的责任心来源于何处，作为创新行为的动机之一，它的功效除了激发创新行为之外，还可以维持整个创新过程正常运转直至成功。

二、创新过程激励

当创新主体具有了创新动机后，创新行为不一定立即就能发生，或者即使发生，创新行为的保持也有一个过程，创新的开始与过程同样需要激励。创新的动机具备后企业又能为创新主体提供创新资源条件，创新行为发生的可能性就很大，为此我们应该是在创新行为条件具备后，有效地激励创新行为的持续，使之不至于中途夭折，即对创新过程的激励。创新过程的激励主要涉及以下几个方面。

1. 文化方面

《寻求优势》的作者认为："成绩卓著的公司能够制造一种内容丰富，道德高尚而且为大家所接受的文化准则，一种紧密相连的环境结构，使职工情绪饱满，互相支持和协调一致。他们有能力激发大批普通职工做出不同凡响的贡献，从而也就产生有高度价值的目标感，这种目标感来自对产品的热爱，提高质量，服务的愿望和鼓励革新，以及对每个人的贡献给予承认和荣誉。"这表明企业文化对员工的创新行为有着重要的影响。不同的企业文化对创新主体的激励是不一样的。但是可以肯定的是，建成激励创新文化的企业会因其文化的特色促使企业创新行为能够持续地进行，并为组织带来经济效益。企业文化对创新主体的激励主要是通过下列渠道进行的。

(1) 企业创新环境。创新环境有内外之分，对企业创新主体而言，企业内部环境尤其重要。如果企业比较重视员工创新行为，而且能为员工的创新行为提供智力、精神、资金上的支持，员工的创新行为则可能持续不断地进行下去，创新也才可能成功，也才可能为企业带来效益。如果企业内部环境是以保守的氛围为主，创新主体的行为得不到支持，创新行为则有中途夭折的可能。

（2）创新价值观。创新价值观是指由企业大多数员工共同认可的创新价值观，是企业创新文化的核心和实质。这种创新价值取向具体就是企业在生产经营管理过程中所倡导的创新观念和创新的行为准则，它为所有员工提供了一种共同的创新意识，也为员工的日常创新行为提供了指导方针。这种指导方针为企业员工的创新行为指明了行动的方向和目标，这种价值能够保证员工将创新行为进行到底，直至完成，可以说是企业创新行为主体内在的心理保证。

（3）创新英雄人物的激励。如果说创新价值观是企业创新的内在动力之一，那么创新英雄人物则最能够充分体现企业对企业创新行为的重视程度，他们一方面是企业创新行为的形象；另一方面也是企业创新主体学习的榜样。因为这些人物得到员工的钦佩也是企业文化所推崇的，以往企业创新英雄人物的存在能够向企业创新主体宣传企业提倡和鼓励的精神，能使创新的精神渗透于每个员工的思想行为之中，对英雄人物的奖励能使企业的创新主体认识到他们的创新行为能够得到什么，能促使他们不断地将其创新行为深入下去，直到成功，成为公司的一名创新英雄为止。榜样的力量是无穷的，其道理正在于此。

2. 对企业创新效果的不断反馈

目标设置理论认为有了明确的目标后，在发展的过程中给予不断的反馈会比无反馈带来更高的绩效。而且在反馈的过程中，组织、群体、个人可对创新行为再认识，进行反思，找出其不足的原因，扫除阻碍创新行为的因素，可以加快对组织结构本身的诊断，为创新主体提供组织的支持，能确保创新行为的最终成功。而对于个人而言，通过对创新效果的反馈，可以帮助其更加清楚地认识到创新的进度，为其合理安排时间，明确以后的行动方向具有很大的作用。创新效果反馈的渠道有组织内部的沟通，创新主体与管理人员的沟通，这些都是对创新主体的一种激励。

3. 组织激励

无论企业的创新主体是个人还是群体，其创新的环境都在组织范围之内，其创新行为也就会受到组织的影响。影响企业行为的组织因素主要有：组织结构与组织协调，创新主体的组织环境。如果为机械式、官僚制的组织结构，企业的创新行为有可能在进行过程中受到抑制。因为在机械式组织结构中个人的因素很少受到注意，行政管理人员必须遵守规则。所有的一切均以工作需要为基础的，个人的创新活动必须在遵守规则和工作需要满足的基础上才能受到一定的注意。而且在机械式组织中强调的是下级对上级权威的服从，也会抑制创新行为的发生。因此，为让员工的创新行为有足够的生存发展空间，企业的组织必须设计成有机式的组织结构。创新主体在这种组织结构环境中能够自由自在地表达他们的观点。员工之间的思想也能彼此之间毫无成见地交流，每个人的想法也能得到组织的重视，在这种环境里，创新主体的想法被组织理解、接受、支持，并且可能得到组织各方面的支持。在这种环境下，承认和交流是对企业创新主体的最大激励，企业创新行为继续进行到底的可能则非常大。而组织的协调活动则可以为企业创新主体的行为构建更大的活动空间，使员工创新行为在组织层次上得到各方面的支持，包括从精神上到物质上的保证和支持，以激励创新主体始终保持旺盛的创新热情。

三、创新结果激励

企业创新主体进行创新有各种不同的动机和目的。当企业的创新行为结束而且为企业带来了预期绩效的时候，企业创新主体当然也希望企业能够满足他们的创新动机。只有当企业能够满足创新动机时，企业创新主体的创新行为才能得到激励，也才能激励企业创新主体持续地进行创新行为。只有满足企业创新主体的需要，企业的创新行为才有可能不断地涌现。为此对创新行为结果的激励必须与企业创新主体的动机和需要尽量相关，创新主体也才能够被充分激励。每个创新主体的创新动机和需要是不同的，因而对企业创新行为结果的激励也是很复杂的，必须因人而异，也不存在唯一的最佳答案。为此，必须把握住企业创新主体的真实需要，期望理论也告诉我们，效价为零或很低的奖酬资源对创新主体不是很好，如果能将物质激励与企业创新主体的业绩十分紧密地联系起来，它的激励作用将会持续相当长的时间。经济学家和绝大多数的管理人员倾向于把金钱放在高于其他激励因素的地位，而行为科学则倾向于把物质放在次要地位。

也许这两种看法都不是正确的，但我们认为，如果想使物质因素成为一种激励因素，管理人员必须记住：金钱对那些抚养一个家庭的人来说要比那些已经功成名就的人更重要，金钱容易调动前者的积极性。为了满足不同创新主体对创新结果的不同要求，可列出奖励员工创新行为的菜单，让企业创新主体自己选择。为此，我们认为对企业创新行为结果的激励可以有以下几种方式。

（1）金钱。物质的激励作用在企业创新主体的生活达到富裕水平之前作用是十分明显的。为此，利用此种方式对创新主体进行激励，则先必须考察他们的经济能力，在大多数工商业企业中，金钱实际上是作为保持一个组织机构配备足够人员的手段，而并不是作为主要的激励因素，即双因素理论所说的满意因素，而不是激励因素。为此，为激励创新主体的创新需要，企业不应把金钱作为激励创新主体的主要手段。

（2）认可与赞赏。一般而言，企业创新主体的动机是超过经济生理需要的，企业创新主体的创新往往追求的是成就感和权力的需要，想给予创新主体成就感就必须在各种不同的场合对他们的创新行为进行认可与赞赏，比如树立他们为企业创新英雄等方式远比他们拿到一定的物质奖励的动力还要大，对他们而言，组织的认可和赞赏是远比金钱更具激励作用的奖酬资源。

（3）提供个人发展和晋升的机会。当代社会竞争越来越激烈，知识更新的速度也在不断地加快，对个人而言，个人发展和晋升的机会在绝大多数情况下比金钱的激励作用还重要。因为组织给创新主体提供个人发展和晋升的机会，个人在未来时期拥有的资本则越来越雄厚，其在社会生存发展的空间也会越来越大，从而更能在未来社会中生存。而给企业创新主体提供晋升的机会，会满足一部分创新主体的权力需要，当这种权力的需求被满足时，随着个人职位的提升，个人的责任心和工作积极性也会提高。这种提高为创新主体下一轮的创新行为提供了动力和足够的空间，个人自我实现的机会也会增加。

（4）提供特种福利和套餐福利。由于每位创新主体的需要不同，给创新主体提供“特种”福利和“套餐”福利也是激励企业创新主体的一种方法。让创新主体享受“特种”福利，如高级人员的轿车、星级宾馆出差待遇，可以满足企业创新主体自尊和别人尊重的需要。而推出项目不同的福利套餐组合，每位创新主体从中择其一，在给定每位创新主体福利开支总额的前提下，创新主体在福利菜单范围内自行决定的福利结构，可以满足企业每个创新主体的需要，从而达到群体激励的作用。这种方式的创新激励有很大的灵活性，针对不同的创新主体需要满足了不同的需要，一定的条件下，不失为可优先考虑的激励方式之一。

第二节 创新激励机制的实施

创新激励机制理论说明，要有效地激励企业人才创新行为的发生，涉及创新行为动机的激励、创新行为过程的激励、创新行为结果的激励，相关的因素有个人的、组织的、文化的、职务的和制度的。在实际的企业经营管理过程中，企业的人才创新激励机制就是基于上述众多因素建立的。

一、制度激励机制

我们可以把企业创新人才主体分为三个层次，即普通员工(多为技术人员)、管理人员和经营者。这三个层次的人员地位不一样，在组织中的角色也不一样，他们创新的动机也不一样。许多组织在分析创新人才主体的需要，制定激励人才创新的政策时，往往都是凭着组织(或主管人员的)主观臆断进行的。由于管理人员与普通员工在创新需要方面总会存在一些差异，管理人员或组织所认为的能够激励员工创新的激励制度并不一定是员工真正所需要的，而不针对员工创新真实需要的激励措施是毫无意义的。因此，企业在建立人才创新激励机制时，调查每个层次创新的真正需要是调动创新人才主体积极性的第一步，只有把握住每个层次的创新人才主体的真实需要，企业建立的人才激励机制才是有效的。

毫无疑问，普通员工的创新需求与管理人员、经营者的创新需求是不一样的，对他们进行激励的政策也应该是不一样的，为此我们认为对他们的激励政策应分别如下几点。

1. 面向普通员工创新行为的激励政策

对普通员工创新行为的激励需遵循一些基本的原则，才能收到预期的效果。

（1）激励要渐增。激励渐增的原则是指无论对创新行为的奖励还是惩罚，其分量都要逐步增加，以增加激励效应的持久性，也能保证普通员工创新行为的持久性。

（2）情境要适当。由于创新主体（普通员工）个性差异的客观性存在，每个创新主体对奖励的时间、方式和环境都不一样。因此，组织实施针对普通员工创新行为激励措施时要因人、因时、因地制宜，选择适当的机会和环境。

情境由五个方面的因素组成：来自员工方面的；来自管理者方面的；实施奖励的时机，其时机要选在最能对创新主体起作用的那一时刻；实施奖励的地点，要选择能对创新主体起最大效用的地点；创新行为本身的性质，即为什么要受到奖励。要想使普通员工的创新激励效用最大化，必须有机地考虑这五个方面的因素，才能起到最佳的激励作用。

（3）激励要公平。激励公平要求组织遵循社会的公平规则，或者是员工普遍接受的公平规范实施激励措施。对普通员工的创新行为进行激励也要遵循这样的原则，为此，企业在对普通员工创新行为进行激励时，必须做到：机会均等，即所有普通员工在争取创新资源方面的机会要均等，让所有员工的创新起点处在同一水平线上，具备同样的创新条件；奖励的程度要具有可比性，不能因创新主体的条件不同，创新激励的程度便不同；奖励创新行为的过程要公正，即要做到过程的公开化和民主化，让组织中每一位员工都知晓公司对企业创新行为激励的制度和政策。

（4）把握普通员工创新的真实需要。把握员工创新的真实需要是激励员工创新行为最基本的出发点，为此组织必须对员工创新需求做深入的调查。

组织在确定创新奖酬内容时，最基本的一条原则是奖励对获得者要有价值。期望理论也告诉我们，对员工而言，效价很低的奖励难以调动员工的积极性。为了满足不同员工对奖励内容的不同需求，我们认为对普通员工的激励可以采取以几种方式。

(1) 金钱。金钱的奖励作用对普通员工是十分重要的。如果能将金钱激励与员工创新工作成绩紧密联系起来,它的激励作用将会持续相当长的一段时间。企业在用金钱奖励员工创新行为时,可以采取项目制。

(2) 认可与赞赏。认可与赞赏可以成为比金钱更具激励作用的奖酬资源。

(3) 带薪休假。带薪休假对许多员工来说都具有吸引力,特别是那些追求丰富业余生活的员工对此更是情有独钟。

(4) 员工持股。众多公司的实践表明,一旦员工变成所有者,他们就会以主人翁的精神投入工作。拥有公司的一部分股票,并从公司的经营成功中分享利润的人,更会从各个方面支持和激励企业创新行为的发生。

(5) 享有一定的自由。对能够有效地完成创新工作的员工,可以减少或撤销对他们的检查工作,允许他们选择有利于自己创新行为的工作时间、地点和方式,或者允许他们选择自己喜欢从事的工作,给他们的创新行为提供基础。

(6) 提供个人发展和晋升的机会。这一方式几乎对所有的员工都具有吸引力,而对满足创新主体的成就需要和自我实现的需要具有很强的激励作用。

尽管激励普通员工创新行为的内容和方式有许多,但可以认为金钱、认可与赞赏是两种最有效的方式。企业在制订奖酬方案时,可以对不同的奖励方式进行成本核算,最让员工在成本相同或相近似的几个方案中进行选择。

2. 面向管理人员创新行为的激励政策

企业中管理人员的创新需要与普通员工的需要相比,倾向于更高层次。麦克利兰的成就需要理论告诉我们,管理人员的创新行为需要集中在成就需要和权力需要;赫茨伯格的双因素理论告诉我们,高层次需要更多地从工作本身得到满足。为此,可以认为管理人员的创新需求比较倾向于成就和权力需要。

晋升对管理人员而言,可能是最有吸引力的激励措施。因为晋升意味着得到了认可,可以享有更大的权力,而权力一般是管理人员最期望的东西。而且管理人员获得晋升后,可以获得创造更大成就的机会。管理人员的创新行为的经济报酬,可以由五个方面构成:第一,基本工资;第二,短期或年度奖励;第三,长期激励;第四,正常员工的福利；第五，管理员工的特别福利（因特权而享有的待遇）。其中，基本工资的作用是保证管理人员的日常生活需要，为管理人员的创新行为提供物质基础。短期或年度奖励的作用是可以促使管理人员创新以便能有效地促进现有资源的有效利用。长期奖励可以促进管理人员应用新的生产技术、开办新企业、开辟新市场等。管理人员的这些创新行为与公司的发展密切相关，需要管理者具备战略眼光，从长计议。长期奖励可以在一定程度上克服管理人员创新行为的短期性。管理人员的特别福利是管理人员在一定职位上享有的特别待遇，这些待遇也可以对管理人员产生一定的激励作用，满足其自尊的需要。

3. 面向经营者创新行为的激励政策

这里所说的经营者，是指直接对企业经营收益负责的高级管理人员，是委托一代理制中的高级经理人。经营者的经营工作对整个企业的业绩、生存和发展的影响是直接与全面的，经营者的创新行为对企业的影响也是十分巨大的。企业经营者的创新需要有其自身的特点：经营者的创新需要相对而言是高层次的，即马斯洛需要层次中的尊重需要和自我实现需要，麦克利兰需要中的成就需要和权力需要；经营者创新需要本身应该是经营者的主要动机。面向经营者创新行为的激励政策主要有以下三方面。

(1) 建立所有者与经营者的长期合作关系。一般而言，经营者创新的动机就是提高所经营企业的效益，以达到自己名利双收的目的。为此，企业要努力培养与高级经理之间的长期合作关系，鼓励经营者通过创新行为提高企业的绩效，以满足他们所追求的个人在社会上的地位和声望的欲望。

(2) 设计合理的报酬结构。经营者的报酬大体可以采取以下几种形式：工资、奖金、股票和股票期权。每一种报酬形式都具有一定的创新激励作用：工资和奖金可以满足经营者创新的最基本需要，而股票和期权则可以反映经营者创新行为的业绩，也最具有激励作用，虽然也具有较大的风险。比尔·盖茨的收入中股票和期权占据了很大部分，这部分市值的存在可以有效地激励比尔·盖茨在微软管理上、技术上的创新，一方面可以为公司带来效益；另一方面也为自己带来了很大的收益，并提高了自己的社会地位。

(3) 引入创新竞争机制。在企业内部建立经营者创新竞争机制，可以有效地促进企业经营者的创新行为。企业最高管理部门可以给企业经营者下达创新指标，或者在内部进行创新项目的竞标，对于完成创新任务者给予奖励，而对没有完成创新任务或没有从事创新项目的经营者给予淘汰或处罚，引导企业内部形成创新氛围。企业的经营不能创新，则企业有可能被别的企业兼并，被创新能力强的企业接管，原有企业的经营者也就会被解雇，从而也促使企业经营者不断地创新。

在人才创新制度激励机制体系中，知识产权的激励具有特殊地位和作用。

(1) 产权激励是人才创新最基本的激励手段。产权制度是现代市场经济和社会正常运行的重要经济法权基础，对知识经济而言，完善的知识产权制度则是其根本性的经济法权基础。人类社会经济发展史表明，产权的早期类型是原始的公有产权，只有在排他性的公有产权出现后，才能极大地激励人们创新动力的产生。诺思在其著作《经济史中的结构和变迁》中指出：当某些资源的公有产权存在时，对获取较多的技术和知识很少有刺激；相反，对所有者有利的排他性产权能够提供对提高效率的直接刺激，或者用一基本的术语来说，能够直接刺激获得更多的新技术，可以用这种激励机制的变迁来解释过去 1 000 年人类所取得的迅速进步和漫长的原始猎狩采集时代发展缓慢的原因。但是排他性的公有产权有着严重的缺陷，因为在这种产权制度下，每个人都可能只关心自己的利益，而不承担相应的责任。解决这一问题的办法是建立私有产权，使每个人有其权、享其利、担其责。私有产权的建立，第一次在个人创造性活动与知识生产的投资上建立起了联系。在知识经济时代，知识产权是社会最主要的产权形式，因此运用以知识产权为主的产权手段激励企业创新发展，既是人类社会进入知识经济时代的必然结果，也是知识产权功能的重要表现。认识知识产权对企业创新发展的激励作用，对于调动员工参与创新的积极性，对企业实现全面创新具有重要的理论和现实意义。

(2) 从产权经济学角度看知识产权对人才创新的激励作用。产权经济学认为，产权问题是由交易费用问题引起的，由于资源的稀缺，任何社会都会出现对资源的竞争，因而必然要求一定的规则和约定来指导、规范竞争。没有规则和不规范的竞争是低度的、无序的，也是消极的，其结果是浪费了社会资源，降低了竞争的效率。而交易费用理论指出，协商、订立和实施这些规则需要付出相当的代价，即交易费用。一方面，交易费用的增加意味着社会资源的浪费；另一方面，指导竞争的规则一旦确定就会积极地减少资源浪费。产权制度发明的目的在于使社会经济体制运转的交易费用达到最低。产权的本质在于通过确定、实施规章和约定，力图降低社会内部的交易费用的水平，从而实现和增加经济的剩余。结合企业创新发展而言，完善的知识产权可使企业创新行为在正常的轨道内健康持续地发展，并在很大程度上节约创新成本，增加由创新而导致的企业经济剩余。诺思认为，有效率的组织是经济增长的关键，而要保持经济组织的效率，需要在制度上做出安排和确立产权，以便形成一种激励，将个人的经济努力变成私人收益率接近社会收益率的活动。因此，各种提供适应个人激励的有效的产权制度是促使经济增长的决定性因素，如果社会上的人没有从事促进经济增长和创新的活动与动机，该社会就一定没有经济增长和创新，因为已有的经济组织缺乏能激励个人动机的有效的产权制度安排。任何包含在人才及创新过程中的各项进步因素的成长都要突破两大壁垒：一是私人收益率；二是社会收益率。私人的收益和成本是指其参与任何经济交易的盈亏，而社会的收益和成本则是社会从私人的活动中获得的公共利益或损失。缺乏效率的产权制度安排一定会造成私人的收益或成本与社会的收益或成本的极度背离。这种背离就意味着某人或某些"第三者"未经当事人的同意可以不支付任何代价从中获得利益或好处。更为可怕的是，如果私人为了某项发明、某项创新而投入的私人成本超过了他可能得到的私人收益，也就是说，他为了发明和创新付出了极高的代价与费用，但发明和创新所带来的收益被第三者不劳而获了，那么个人就丧失了从事创新性活动的动力，尽管这些创造性活动有益于整个社会。根据这种观点，我们可以推知，如果没有以知识产权为主导的产权制度及相应的知识产权措施，企业的创新发展将成为空中楼阁；反过来说，要使员工们受到某种激励而投身于企业创新实践中去就必须设计并形成某种以知识产权为核心的完善的产权制度，使员工的收益率、企业的收益率与社会收益率相协调、相匹配。

这样，建立完善的知识产权制度体系，既激励员工积极投身到企业创新实践中去，又增强了企业的创新能力和积极性，同时，还增加了创新产品和项目的垄断性，提高了企业市场竞争力。熊彼特曾指出，企业之所以敢冒引进新思想和克服旧障碍的风险，就是期望获得当时的垄断地位(产权有效期内)，垄断维持期间能享受高额利润。可见，企业创新发展动力源泉在于垄断市场、获取高额利润及始终在技术先进性、市场竞争力和获取利润能力等方面捷足先登。从此也足见知识产权对企业创新发展所起到的激励和保障作用。

(3) 从创新过程看知识产权在企业创新发展的作用。企业创新发展在空间上表现为一个系统，而在时间上则是一个过程，它是科学技术、发明构思、研究开发、生产销售、品牌确立、服务延伸、经营管理等构成的复杂、复合性创新系统在时空条件下的持续发展过程。在这一过程中，知识产权制度的激励和驱动作用是非常重要的，它贯穿于企业创新发展过程的每一个环节，自始至终起到推动和保障的作用。

二、文化激励机制

前面已经分析过，企业文化对企业创新行为的发生和维持具有极为重要的影响，为此企业在建立人才激励机制时必须建立相应的企业文化激励机制。企业文化激励机制应包含以下几个方面的内容。

1. 树立崇高目标，追求卓越的企业价值观

当代企业价值观的发展现呈多元化和个性化发展的趋向，杰出企业的价值观千姿百态，但透过现象看本质，其都有共同的价值取向，即树立崇高目标、建立共识和追求卓越。崇高目标对企业每个成员的目标和行为有导向功能，对企业创新行为无疑也有指导作用，它为企业创新行为指明了方向。树立崇高的目标对企业创新行为的方向一致性具有重要作用，而且崇高的目标能使员工明了其创新行为对社会、企业、个人的意义，激发员工创新动机，也为员工提供了表现才能、实现自我价值的机会，从而可以极大地调动员工的创造性。而追求卓越的企业价值观，则可以在某些预定的目标实现后，不断产生新的需要，提出新的更高的目标，形成促进目标完成的内在动

力，促使企业员工能够永远不满足，永远追求创新，这种永远追求创新的精神是现代企业能够长期发展的关键。

2. 树立创新榜样

榜样的力量是无穷的，任何一个具有优秀企业文化的企业，都有其杰出的榜样，在创新方面也是如此。例如，明尼苏达矿业制造公司是美国最大的制造企业之一，它的文化传统就是崇尚革新，鼓励企业家式的创新活动。因此，公司把革新者当作英雄和典范人物。其公司有一条明确的规定：凡是公司成员，无论什么人，只要他发明一种新产品，或者当大家在研制过程中遇到困难无法坚持而他还能坚持下去，他就有权管理这种产品，并成为该产品制造部的经理，而不管该产品原先是否属于他的业务范围。为此曾为技术员，后来因发明而荣升董事长的R.德卢和销售部经理的J.博登都曾被公司当作英雄，这无疑告诉员工，只要你也像他们那样具有革新精神，你就会获得事业上的成功。可以看出创新榜样在激励分工创新方面的作用是十分明显的，它让企业抽象的价值观成为职工的行为规范，使他们更容易接受。

3. 建立创新文化网络

文化网络即企业内部非正式的信息沟通系统，是企业信息的载体及传递工具，对企业创新行为起到促进或抑制的作用。利用这一网络，企业可以让公司全体员工对企业创新观念、创新事件及创新制度有一个清晰的了解，这将对企业创新文化的形成产生影响，对员工的创新行为也将产生重大影响，从而有利于企业创新行为的发生。

三、组织激励机制

任何企业创新行为都是在组织环境中发生的，组织对创新行为的发生和发展有着不可忽视的作用。为此在建立企业人才创新激励机制的过程中必须建立组织激励机制。通常认为建设组织激励机制主要涉及两个方面。第一，组织建设。相比较而言，有机式的组织结构比机械式的组织结构更能激发企业创新行为的发生，有机式的组织结构更有利于组织内部群体、个人之间的学习，有利于组织内部信息的交流，也更有利于组织员工熟悉每个职位的工作情况，有利于企业内部员工参与管理，从而更能促进员工创新精神和创新思想的形成，为企业创新行为提供组织条件。第二，职务设计。职务设计的方式有如下几种：工作轮换、工作扩大化、工作丰富化、学习型团队建设、弹性工作制。工作轮换可以培养职工的多种技能，消除职工对工作的厌倦感，提高他们的工作积极性。工作扩大化可以给予职工更多的责任，可以鼓励他们自我控制、自我发挥，从而使个性得到健康发展，促使他们在自己感兴趣的工作范围内进行创新。而工作丰富化则可以让员工拥有更多自由支配工作的权利，有机会参加工作的计划、设计、组织和管理，负有更多的责任，让工作富于挑战性，使职工有更多发挥才能的机会，以增强他们的责任感和成就感，也让员工具有创新的成就感和责任感，激发他们进行不断的创新。学习型团队的建设可以帮助企业内信息的交流和沟通，而且更有助于企业内部工作经验的总结，从而可以帮助企业找出企业目前所存在的问题与缺陷。所以学习型团队的建设一方面可以帮助员工之间的学习，为员工创新行为提供技术上的支持；另一方面则可以帮助企业发现创新的机遇。实践也证明，学习型团队的建设可以提高员工的劳动积极性，增强员工的工作满意度，激发员工创新行为的发生。弹性工作制可以使员工工作更自由，创新的积极性更高。

为此，企业在建立人才创新激励机制时必须对组织建设、职务设计这两方面的工作给予充分的重视，它是企业人才创新激励机制的组织基础，也是人才创新激励机制的一部分。

章末小结

(1) 组织激励机制度包括以下五个方面：诱导因素集合、行为导向制度、行为幅度制度、行为时空制度、行为归化制度。

(2) 企业创新动机主要有以下几个方面：创新的心理需要、成就感、经济性动机、责任心。

(3) 企业人才创新激励机制理论主要涉及三个方面的内容：探讨企业人才创新的动机与动力，动力的助长，有效促进创新动力因素的产生；对人才创新行为的过程进行有效的激励管理；对企业人才创新的成果进行有效激励。

(4) 创新过程的激励主要涉及以下几个方面：文化方面、对企业创新效果的不断反馈、组织激励。

(5) 激励企业创新行为结果的奖励可以有以下几种方式：金钱、认可与赞赏、提供个人发展和晋升的机会、提供特种福利和套餐福利。

(6) 面向普通员工创新行为的激励政策要注意：激励要渐增、情境要适当、激励要公平、把握普通员工创新的真实需要。

(7) 对普通员工创新行为的激励可以采取以下几种方式：金钱、认可与赞赏、带薪休假、员工持股、享有一定的自由、提供个人发展和晋升的机会。

(8) 对管理人员创新行为的激励方法：晋升、报酬。

(9) 面向经营者创新行为的激励政策：建立所有者与经营者的长期合作关系、设计合理的报酬结构、引入创新竞争机制。

(10) 企业文化激励机制应包含以下几个方面的内容：树立崇高目标，追求卓越的企业价值观，树立创新榜样，建立创新文化网络。

(11) 建设组织激励机制主要涉及两个方面：一是组织建设；二是职务设计。

参考文献

[1] 阿诺尔多·C.哈克斯,等.战略实践:如何系统制定企业战略[M].北京:机械工业出版社,2003.

[2] 埃米·埃德蒙森.知识型企业的执行模式[J].哈佛商业评论(中文版),2008(8):65-77.

[3] 华莱士·斯特蒂纽斯,小D.罗布利·伍德,杰奎琳·L.多伊尔,小约翰·L.科利.战略规划与有效执行[M].章佳,译.北京:中信出版社,2006.

[4] 拉里·博西迪,拉姆·查兰.执行——如何完成任务的学问[M].北京:机械工业出版社,2003.

[5] 马丁·法伊.战略企业管理系统:21世纪的工具[M].北京:中国人民大学出版社,2004.

[6] 玫·笛德,约翰·本珊特,基思·帕维特.管理创新——技术变革、市场变革和组织变革的整合[M].王跃红,李伟立,译.北京:清华大学出版社,2008.

[7] 潘威廉.企业兵法教程[M].北京:北京大学出版社,2001.

[8] 珀威茨·K.阿曼德,查尔斯·D.谢泼德.创新管理——情境、战略、系统和流程[M].陈劲,等译.北京:北京大学出版社,2014.

[9] 托尼·达维拉,等.创新之道——持续创造力造就持久成长力[M].刘勃,译.北京:中国人民大学出版社,2007.

[10] 陈劲,陈钰芬.开放创新体系与企业技术创新资源配置[J].科研管理.2006(3):1-8.

[11] 陈劲,桂彬旺.复杂产品系统模块化创新流程与管理策略[J].研究与发展管理,2006(3):74-79,107.

[12] 陈劲,郑刚.创新管理——赢得持续竞争优势[M].北京:北京大学出版社,2009.

[13] 陈钰芬,陈劲.开放式创新:机理与模式[M].北京:科学出版社,2008.

[14] 何杰明.运营中国:从战略到执行[M].北京:中国机械工业出版社,2008.

[15] 刘华文,谭力文.国外战略管理研究的新动向[J].科技进步与对策,2008(l):191-195.

[16] 齐大庆.战略执行与执行力[J].中国新时代,2004(12):44-46.

[17] 齐大庆.中国企业的战略制定与执行[J].中国新时代,2005(l):50-54.

[18] 孙琦.GE管理模式[M].北京:中国人民大学出版社,2005.

[19] 薛云贵，齐大庆，韦华宁. 中国企业战略执行现状及执行力决定因素分析[J]. 管理世界，2005(9)：88-98.

[20] 杨克明. OEC 管理：中国式执行[M]. 北京：中国经济出版社，2005.

[21] 于斌，冯林，高向丽. 企业战略执行理论研究新趋势[J]. 科学学与科学技术管理，2007(12)：134-139.

第九章 创新绩效的评估

学习目标：了解创新绩效评估的定义、作用与原则；了解企业创新绩效评估的指标体系；了解企业创新绩效评估的方法。

第一节　创新绩效评估的定义、原则与作用

对企业创新绩效的形成机理进行研究，就是在充分了解企业创新绩效形成过程中各种影响因素的基础上，探求企业创新绩效怎样在这些因素的影响和作用下，一步一步由形成阶段、发展阶段再到成熟阶段的，重点是探讨企业内部各种要素、企业外部的各种环境和资源对企业创新绩效形成的作用过程。

一、创新绩效评估的定义

创新绩效是指采用新技术后企业价值的增加，以企业业务额的增加来测量。创新绩效对于政府部门和企业管理者动态掌握创新型企业自主创新的进展和成果，发现企业自主创新存在的问题及原因，以便企业采取有针对性的措施，优化企业创新资源的结构和配置调整创新产出目标与方向，进一步提高企业自主创新效率具有重要的意义。创新绩效评价是指企业在特定的背景下对创新方案、活动、创新的经营、管理效果的综合评价。目前企业的绩效评估主要有三类：传统绩效评估、战略性绩效评估与创新绩效评估，三种评估各不相同，见表 9-1。

表 9-1　传统与创新绩效评估差异

	传统绩效评估特点	战略性绩效评估特点	创新绩效评估特点
绩效评估基础	传统的会计系统	公司战略	公司创新战略
主要内容	财务评估	非财务评估	各种层面的结合

续表

	传统绩效评估特点	战略性绩效评估特点	创新绩效评估特点
绩效评估尺度	财务度量	非财务度量	各种维度的结合
服务对象	中高级管理层	所有员工	所有员工
及时性	滞后度量	固定周期	实时度量
简便度	较低	中度	中度
对员工的影响	挫伤积极性	提高满意度	提高满意度
绩效评估范围	忽视直线评估	各层次评估	各层次评估
绩效评估模式	固定	不固定	不固定
调整频率	低	中	随需要而变化
绩效评估目的	监视企业创新绩效	改善企业创新绩效	改善企业创新绩效
适应性	较低	较高	较高

我们可以把企业创新绩效评估的特点概括为以下几个方面。

1. 企业创新绩效评估内容的多层面

绩效评估体系的科学性是确保企业创新绩效评估结果准确合理的基础，一项绩效评估活动的科学性依赖于评估指标、评估标准、评估流程等各个方面的科学性。如表 9-1 所示，与传统绩效评估、战略性绩效评估相比，企业创新绩效评估体系考虑到企业战略创新的实际情况，把企业各种层面的绩效评估内容结合起来以保证绩效评估体系整体结构的合理性。此外，企业创新的绩效体系抓住了企业战略目标创新的主要方面，考虑到企业战略创新与传统原有企业战略的差异性，从而设计一定的弹性创新区间，突出反映创新绩效评估的重点，进行企业战略创新绩效评估前后和创新过程各个时期的纵向比较，并与外界的同类企业进行横向比较，最后结合多层面的绩效考评内容，从而利用多方位并包含企业创新方面的指标的绩效评估体系，最终形成有效率的创新型绩效评估系统。

2. 企业积极的绩效评估效果

企业创新绩效评估的服务对象为企业的各部门，针对企业的创新绩效评估方面，和企业的全体员工、部门对创新战略目标进行绩效考核。由于企业的战略目标由全体人员参与制订，因此从根本上提高了员工和管理人员对企业目标的认同程度，这是企业传统的绩效评估、战略性绩效评估所无法比拟的优点。企业创新绩效评估通过创新绩效评估体系得出的评估效果来反作用于企业员工的工作，可以使企业员工积极配合并主动参与工作，使员工更具有团队精神和主人翁意识，这有利于企业创新战略的实施，从而保障企业战略创新的成功实施，最终实现企业预定的创新目标。

3. 合理的企业创新绩效评估周期

传统企业的绩效评估周期主要以月份和年份进行考核，这样不同岗位、不同性质的工作差异就无法充分体现。对于企业的基层员工或者是销售部门来说，绩效可量化的指标可以在较短的时间内得出好或者不好的评估结果，但是对于企业的管理部门或者技术部门来说，创新是一个时间较长的过程，包括很多智力因素，工作绩效可能不是立竿见影的。因此，企业创新绩效评估体系的设置应根据需要而变化评估周期，通过为不同部门设计不同的评估周期，也可以分散一次性进行绩效的工作量，从而提高企业创新绩效评估质量。

二、创新绩效评价的原则

企业在制定针对创新的绩效评价制度时，应注意以下原则：

(1) 保证创新行为与战略的一致性。评价的基本作用是将人们的注意力集中在企业所期望的目标以及认为具有优先性的事务上，这也是哈默和普拉哈拉德所称的“战略意图”。被广泛认知的目标将决定人们的行动，并带动相应的评估、控制和学习活动。企业的创新战略应反映其总体战略。它应明确哪些领域的创新是企业迫切需要的，这些创新如何影响企业的现有业务，它们将对企业的竞争优势和环境中的威胁起到何种作用，应以怎样的时机性和风险性推出新产品或新流程，如何使创新项目与组织中的可得资源相匹配。Feltham 和 Xie 发现一个企业可以通过运用绩效考核评价来减少或弱化组织中的干扰因素，使组织行为向战略目标靠近。

在为企业的创新活动建立评价指标时，这些指标要既能够反映企业的战略意图，又能够反映企业当前工作的特点，兼顾未来目标与当前实际。此外，创新指标还应考虑到创新的不确定性与风险的大小，使制定出的考核指标具有建设性和公平性。

(2) 兼顾责任与权力的匹配。评价制度具有激励效果，但必须认识到责任与权力相匹配的重要性。Loch 和 Tapper 指出有效的绩效考核必须以清晰的工作界定为基础：如果任务能够划分，相应的责任也应该划分，责任与权力的范围应该一致。但是，当一位管理者负责多项任务时，若其中一些任务的不确定性大且很难考核，企业就很难采用统一的激励措施。考虑到创新的内在不确定性(尤其是研发阶段)，仅以产出指标来考核创新活动是不完善的。为了能在可衡量性与不确定性间掌握平衡，使考核体系既能衡量企业总体战略目标的实现程度，又能反映研发人员的努力程度，创新的考核体系应包括产出衡量与过程衡量两大方面。前者主要考核各类创新项目的结果；后者主要考核创新组织工作和流程的有效性。

(3) 促进运作控制。对于一个动态系统来说，及时反馈对保证其按规划顺利运转十分重要。创新也是一种系统活动，为保证其正常运行，必须经常衡量其进度、预算等事先制定的指标，确定其进度、资金充裕度以及可能出现的偏离；还要时常评价竞争对手的反应、潜在市场需求、组织支持力度和自身技术能力等因素，发现可能存在的问题，并通过不断调整方向和运作方式来完善下一步工作。

(4) 实现学习和改进。评价制度能为组织学习和改进提供便利。无论是过程还是产出的衡量都能为人们评价自己的工作以及如何在以后的创新活动中改进工作提供依据。组织则可通过评价结果所反映的情况，调整创新组织制度和流程设计等，更好地开展今后的创新工作。企业还能从创新评价中发现有效的管理方式和操作技巧，将各种考评数据和材料收集起来，建立企业创新资料库，为创新研究和分析工作提供第一手资料。创新考评资料还能成为组织间交流创新经验的载体，有理有据地传播有效的创新管理方法。

三、创新绩效评估的作用

创新绩效评估对企业而言具有重要作用，主要体现在以下几个方面。

(1) 企业决策的需要。从企业经营管理的维度看，企业创新绩效评估不仅能够有益于正确引导企业，增强其竞争力，更能为企业决策提供依据。企业创新绩效评估重要的动因之一在于通过及时发现企业运营、管理过程中存在的重大误差和问题，促使企业改进管理方法、优化管理程序，从而更好地达成企业经营的目标。获利能力、营运能力、偿债能力、发展能力、技术创新能力、业务流程、知识管理以及外部利益相关者等多层面的评估构成了企业创新绩效评估内容，不仅可以全面、真实、可靠地反映和衡量企业所完成的与正在进行的经营管理活动，对企业经营活动发展的未来趋势也有一个相对准确的预测，有助于全方位地判断企业的真实状况，为企业决策提供科学的参考依据。

(2) 加强对经营者的激励与约束的要求。科学地评估企业的绩效，可以有效加强对企业经营者的激励与约束。激励企业经营者的一个主要途径是从经营者的薪酬着手，通过制订合理的薪酬计划来调动、激励企业经营者工作的积极性。然而，国内企业经营管理者为企业所创造的价值与其所承担的风险并不相符，这对企业经营管理者的积极性有严重的影响，也就促成了大量的“逆向选择”和寻求补偿现象存在。对此，加快经营者的收入分配制度改革对于企业势在必行。隐形激励作为激励的手段之一，也同样需要被经营管理者关注。隐形激励是经营管理者根据自己对基于经营绩效基础的外在利益和自己对其报酬所做出的理性判断进行比较是否满意。例如，当个人为实现自己的人生价值、企业家为了增加市场竞争实力以及未来利益的扩大而提高信用度，可以看出当代理人所获的显性报酬并不能达到基于绩效所应得的薪资时，往往不会对其经营管理的积极性造成影响，前提是企业家人才市场发展成熟和经营管理人才充分竞争。此外，绩效评估也作为一种约束手段，对经营者激励的过程也是对其监督的过程，否则，就可能事与愿违，出现激励无效的状况。相同地，只有通过科学地评估企业的绩效，投资者才能判断企业经营者的业绩，进而对经营者采取有效的约束措施。

(3) 企业发展战略转变的需要。科学合理的绩效评估体系不仅能客观、合理地评估企业的业绩，更为重要的是，其对企业经营管理和战略发展目标的实现具有积极的导向作用。具体而言，通过把绩效评估与企业的短期、长期战略目标相结合，可以促使企业从其长远发展角度出发，克服短期行为，改进薄弱环节，探索、提高发展潜能，及时监督计划和战略的实施过程，进一步实现战略目标，以促进企业的发展。企业创新绩效评估是企业发展战略转变的依据与前提，在正确地评估企业创新绩效后，企业经营管理者对企业发展战略的方向把握得才更加准确，从而促进企业长远发展。

（4）企业创新绩效管理的需要。企业通过绩效评估改进其绩效管理，以促进企业的经营发展和增强技术创新、知识管理等能力。因此，绩效评估不是企业的最终目标，而是其实现最终目标的一种途径或机制。企业欲取得长远的发展，应该拥有完善的企业创新绩效管理机制，否则在日益激烈的竞争中，无法持续发展，最终将被市场所淘汰。企业创新绩效评估是完善绩效管理的前提，客观地评估企业的绩效有利于促使企业经营管理者改进绩效管理方法，促进企业创新绩效管理的改进，从而提高其绩效。所以，只有形成完善的企业创新绩效管理机制，企业才可取得长远的发展，形成企业的核心竞争力。

（5）激励企业的创新活动。企业技术创新能力的内在因素包括 R&D 能力、生产制造能力和市场营销能力，直接决定了企业技术创新能力水平的高低。为了增强企业的 R&D 能力、生产制造能力及市场营销能力，要求投入足够的资源保证其技术创新活动的顺利开展，即诸多因素共同协调作用才能保证创新活动的顺利实施。支持要素大致划分为“软”支持要素和“硬”支持要素两类，分别指企业的创新管理能力和创新资源投入能力，而这两种能力又在侧面对企业技术创新能力的水平和企业创新绩效水平的科学评估产生间接影响，而为企业如何在“软”支持要素和“硬”支持要素间合理分配企业的资源提供依据，使得企业创新活动的贡献得以体现，促使企业加大对创新活动的投资力度，提高企业的创新水平，激励企业的发展创新活动。

（6）激发企业员工的创新动力。企业技术创新的行为主体是员工，其创新能力大部分来源于对自身利益追求的满足。企业创新绩效评估指标既反映了企业对技术创新的需求，又将对技术创新的需求转化为对员工的激励，促使员工将创新冲动转化为持久性的创新行为而实现企业经营需求和实现自己对利益追求。即根据企业的绩效评估指标，对员工实行内部评估与奖惩，在实现企业员工对自身利益追求的同时，最终实现企业创新活动的持续化和永久化。当员工的创新取向与企业的方向一致时，创新行为才能产生正向的合力。以企业的战略目标为导向的企业创新绩效评估体系，指明了员工在实现企业战略目标中所处的位置和努力的方向。为使企业的员工活动与战略目标保持一致，企业创新绩效评估体系可以通过调控创新资源的投入数量和投入方向，以及引导员工的利益取向等方式实现。因此，企业创新绩效评估体系能够引导员工的创新取向，与企业战略目标的需要相符合。

（7）企业的创新文化形成的要求。企业文化是全体员工一致认同且共同遵守的具有企业文化特色的价值观念的总和。企业创新绩效评估作为一种制度，是企业文化的一部分。创新文化不仅能激励、支持企业创新活动的开展和进行，为创新活动的实施创造良好的企业氛围和环境，还对企业员工的思想观念、意识、价值取向和行动等都能产生积极的效应。

第二节　创新绩效评估的指标体系

评估企业的创新绩效，对于企业管理者动态掌握企业创新的进展和成果，发现创新存在的问题及原因，为企业采取有针对性的措施，优化企业创新资源的结构和配置，调整创新产出目标和方向，提高企业自主创新效率，均具有重要的意义。绩效评估是企业发展的重要一环，如何有效地进行绩效评估对于企业来说至关重要。由于企业处于市场经济的大环境中，面临各式各样的变化，通过对比发现，企业创新绩效评估具有相对完善的创新评估指标，不仅涉及企业过去与现在的业绩，还有企业潜在的、未来的创新业绩信息，这要求在设计绩效评估体系时就考虑到既要有反映企业创新绩效现实情况的指标，又要有体现企业创新能力发展状态的目标，最终实现定性与定量的结合、财务与非财务的结合、短期与长期的结合。基于以上特点的分析，企业创新绩效评估体系的设计可以通过绩效评估反映企业创新的状况，具体指标应突出反映企业的创新绩效，具体指标可以是财务状况、经营成果与发展、业务流程，反映创新方面的指标包括技术创新、知识管理创新、市场创新、制度创新、文化创新，从而对企业发展趋势进行准确的判断和预测，实现企业创新战略的成功。接下来，我们以技术创新绩效的指标体系设计为例来介绍创新绩效评估的指标体系设计。

一、指标体系的设计思路

技术创新绩效衡量企业技术创新活动的实施效果。企业技术创新绩效评价指标体系是一套能够充分反映企业技术创新绩效、具有一定的内在联系且互为补充的指标群体。在这个指标体系中，设置哪些指标，如何设置，既关系到评价结果的科学性和正确性，也关系到企业技术创新资源的合理配置，更关系到企业创新能力的构建与创新机制的完善。

技术创新是一个复杂的系统工程。技术创新活动的阶段性、多样性以及各创新活动间的层次性，决定了创新绩效评价指标体系的层次性，同时影响企业技术创新绩效的因素很多且结构复杂，只有从多个角度和层面来构建企业技术创新绩效评价指标体系，才能全面反映企业的技术创新绩效。

满足市场和用户的需要是保证技术创新成功的首要条件，也是技术创新过程的起点和归宿，成功的新产品开发和工艺创新将给企业带来巨大的经济效益，这是技术创新的直接绩效。成功的技术创新将提升企业的技术能力和核心竞争力，通过产品创新或工艺创新改变生产要素的使用、改善社会环境，为企业和社会带来无形的效益，这是技术创新的间接绩效。企业技术创新系统的建立和完善还在于企业创新的内部支撑系统，其关键要素包括技术战略、企业组织环境、资源供给以及有效的外部连接。我们认为完整的技术创新绩效评价应该包括创新产出绩效评价和创新过程绩效评价两部分，图 9-1 所示为企业技术创新绩效评价框架。

技术创新产出绩效反映企业技术创新活动实施的效果，反映企业技术创新的现实绩效。对技术创新的过程绩效进行评价作为补充，反映企业技术创新活动的管理水平和潜在绩效。因为好的业绩必然是由优秀的创新管理过程保证的，找到产生良好业绩的原因才是创新管理的任务所在。正像一座冰山，创新业绩是露出水面的部分，而创新过程则是隐藏在水面之下的部分，只有对两部分进行全面评价，才能准确

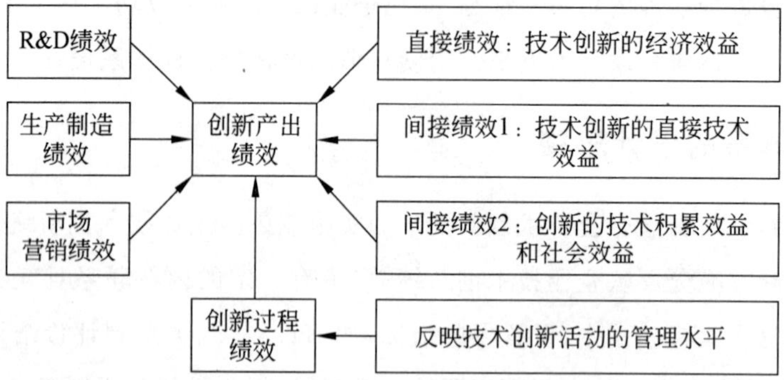

图 9-1 企业技术创新绩效评价框架

完整地反映冰山的全貌。在设计创新绩效指标体系时，我们将紧密结合技术创新的本质特点，力求全面反映企业技术创新的显性绩效和潜在绩效，反映技术产品创新和工艺创新所带来的经济效益、技术效益和社会效益。

二、创新绩效评价的参考指标

结合技术创新的本质内涵、特点、创新过程特征和中国企业的创新实际，本着科学性、完备性、可比性、可操作性原则，针对企业不同的创新特征分别设计出如表 9-2、表 9-3 所示的企业技术创新绩效评价指标体系。

表 9-2 以产品创新为主的企业技术创新绩效评价指标体系

分类		序号	指标	维度权重（%）	指标权重（%）
创新产出绩效	经济效益	1	新产品销售率	30	40
		2	新产品利润率		30
		3	单位产品成本降低率		30
	直接技术效益	1	新产品数	30	40
		2	重大改进产品数		30
		3	主持或参与制定新标准数		30

续表

分类		序号	指标	维度权重（%）	指标权重（%）
创新产出绩效	技术积累效益	1	专利申请数	20	30
		2	技术诀窍数		20
		3	技术文档数		20
		4	科技论文数		15
		5	技术创新提案数		15
创新过程绩效		1	竞争情报分析报告数	20	20
		2	研发部门与客户交流频度		10
		3	研发部门与生产制造部门交流频度		10
		4	企业之间研发部门交流频度		10
		5	企业研发部门与高校研究所的交流频度		5
		6	研发投入占销售收入的比重		10
		7	研发人员人数比重		10
		8	技术带头人人数、技术桥梁人物数		5
		9	企业技术人员人均培训费		10
		10	技术人员参加国内外会议人次		5
		11	企业技术论坛数		5

表 9-3　以工艺创新为主的企业技术创新绩效评价指标体系

分类		序号	指标	维度权重（%）	指标权重（%）
创新产出绩效	经济效益	1	改进产品销售率	30	25
		2	改进产品利润率		25
		3	单位产品成本降低率		50
	直接技术效益	1	重大工艺创新数	30	40
		2	改进产品数		30
		3	主持或参与制定新标准数		30

续表

分类		序号	指标	维度权重（%）	指标权重（%）
创新产出绩效	技术积累效益	1	专利申请数	15	20
		2	技术诀窍数		15
		3	技术文档数		15
		4	科技论文数		10
		5	技术创新提案数		10
		6	产品质量改善率		10
		7	劳动生产率提高率		10
		8	生产周期缩短时间		10
创新过程绩效		1	竞争情报分析报告数	20	20
		2	研发部门与客户交流频度		10
		3	研发部门与生产制造部门交流频度		10
		4	企业之间研发部门交流频度		10
		5	企业研发部门与高校研究所的交流频度		5
		6	研发投入占销售收入的比重		10
		7	研发人员人数比重		10
		8	技术带头人人数、技术桥梁人物数		5
		9	企业技术人员人均培训费		10
		10	技术人员参加国内外会议人次		5
		11	企业技术论坛数		5

其中表 9-2 和表 9-3 中各指标的具体解释如下：

新产品数：当年开发出的新产品数量。新产品指下列两种类型的产品：一是指与以前制造的产品相比，技术特性或用途具有显著差异的产品。这些创新可以涉及全新的技术，也可以基于组合现有技术新的应用，或者源于新知识的应用。二是指其性能具有重大改进或提高的现有产品。若产品仅仅是在美学上(外观、颜色、图案、包装等)的改变及技术上的较小变化,则属于产品差异,不能作为新产品统计。生产资料类新产品自投产后统计3年,消费类新产品自投产后统计2年。

重大改进产品(包括工艺创新)数：对原有产品在结构、规格、标准、外观、材料等方面的重大改进以及工装设备、生产工艺方面的新改进。

主持或参与制定新标准数：当年主持制定或者参与制定的国际、国家级、省部级行业标准数。

新产品销售率：近3年内开发的新产品销售收入占企业总销售收入的比重。

改进产品销售率：性能具有重大改进或提高的产品销售收入占企业总销售收入的比重。

新产品利润率：近3年内开发的新产品实现的利润占当年企业总利润的比重。

改进产品利润率：性能具有重大改进或提高的产品实现的利润占当年企业总利润的比重。

单位产品成本降低率：通过技术的工艺创新和工装设备改进,引起原材料消耗和能源消耗减少,生产要素使用的改善,致使单位产品成本降低的数额与原单位产品成本的比值。

专利申请数：当年申请专利的数量(包括发明、实用新型、外观设计)。

技术诀窍数：当年开发出不便申请专利的技术诀窍的数量。技术诀窍又称"专有技术",是指在实践中已使用过没有专门的法律保护的具有秘密性质的技术知识、经验和技巧。可以是产品的构思,也可以是方法的构思,是处于保密状态下的技术。

技术文档数：当年完成的技术文档的数量。技术文档是指在产品研发或工艺细化过程形成的各类有关文档材料。

科技论文数：当年企业在国内外正式刊物上发表的科技论文数量。

技术创新提案数：当年企业内员工所提的技术创新提案数。

产品质量改善率：指通过技术的工艺创新和工装设备改进,而引起的产品质量提高的比率。可用当年产品一等品率与原产品一等品率的比值来代表。

劳动生产率提高率：指通过技术的工艺创新和工装设备改进，而引起的劳动生产率提高的比率。可用当年的劳动生产率与原劳动生产率的比值来表示。

生产周期（或交付期）缩短的时间：指通过技术的工艺创新和工装设备改进，而引起的生产周期的缩短。可用原某一代表性产品的生产周期与当年该产品生产周期的差值表示。

竞争情报分析报告数：当年搜集的国内外本行业相关竞争情报分析报告数量，包括各类科技情报信息分析报告、市场信息分析报告、技术预测报告数等。

研发部门与客户交流频度、研发部门与生产制造部门交流频度、企业之间研发部门交流频度、企业研发部门与高校研究所的交流频度：5分制，“十分密切”（如几乎每天都与客户交流）为满分5分，“比较密切”（如每周3～4次）为4分，“一般”（每周1～2次）为3分，“不太密切”（每月1～2次）为2分，“几乎没有交流”为0分。

研发投入占销售收入的比重：当年技术研发投入的费用占企业总销售收入的比重。研究与试验发展（R&D）经费支出额指当年企业实际用于基础研究、应用研究和试验发展的经费支出。包括实际用于科学研究与试验发展活动的人员劳务费、原材料费、固定资产购建费、管理费及其他费用支出。

研发人员人数比重：当年技术研发部门人员占全部员工数的比重。

技术带头人人数：指国家、市级有突出贡献的专家和享受政府专项津贴的专家，包括获得博士学位，博士后在站人员，国家级、省市级重大、重点项目主持人。

技术桥梁人物数：技术桥梁人物指与外界联系密切并把别的组织的知识经过消化吸收后再传递给组织内部成员、起信息桥梁作用的人物，一般是一线的技术经理或项目经理。

企业技术人员人均培训费：企业当年用于培训员工的人均费用。

技术人员参加国内外会议人次：当年技术人员参加国内外各类学术或技术研讨会的数量。

企业技术论坛数：当年举办各类技术发展论坛或研讨会的次数。

第三节　创新绩效评估的方法

传统的绩效考核方法很多，如关键绩效指标法、个人平衡计分卡、360 度绩效评估法、目标管理法等，不同的方法各有优缺点。在这里，我们主要介绍数据包络分析法与神经网络法两种绩效评估的方法。

一、数据包络分析法

数据包络分析法（data envelopment analysis，DEA）是由美国著名运筹学家查纳斯（A. Charnes）和库伯（W. W. Cooper）在 1978 年以相对效率概念为基础发展起来的一种新的绩效评价方法。这种方法是以决策单元（decision making unit，DMU）的投入、产出指标的权重系数为变量，借助于数学规划模型将决策单元投影到 DEA 生产前沿面上，通过比较决策单元偏离 DEA 生产前沿面的程度来对被评价决策单元的相对有效性进行综合绩效评价。其基本思路是：通过对投入产出数据的综合分析，得出每个 DMU 综合相对效率的数量指标，并确定各 DMU 是否为 DEA 有效。

1. 数据包络分析法的特点

数据包络分析法是一种评价决策单元间相对有效性的方法。DEA 方法是运筹学、管理科学与数学经济学交叉研究的一个新领域。数据包络分析具有以下特点。

(1) DEA 以生产边界作为衡量效率的基础，以线性规划的方法建立求解生产边界的数学模型，而无须预设任何生产函数。将欲评价目标的投入和产出数据输入数学模型，求解出生产边界，以数据包络线的形式呈现，将各决策单元的实际数据与生产边界相比较，便可以衡量出各决策单元的相对有效率或相对无效率的程度，以及对于相对效率的优化方向和优化指标。

(2) DEA 方法的几何学意义是利用数据包络线原理，将所有决策单元的投入和产出项投射到空间中并寻找最低的边界（生产效率前沿线）。凡是落在边界上DMU，表示其投入与产出组合是有效率的，称为 DEA 有效；若是落在边界右边则表示其投入与产出的组合是无效率的，称为DEA非有效。

(3) DEA方法具有经济意义的显著特点。DEA评价方法的基本思想是，通过建立一个线性规划模型，对输入输出的数据进行效率(技术效率和规模效率)、松弛变量、敏感度、效率强度和规模报酬等综合分析，从而得到各决策单位的综合效率，据此排序定级，确定相对有效的决策单位，并指出其他决策单位非有效的原因和程度，给决策者提供管理信息。

(4) DEA方法具有较高的客观性和可靠性特点。DEA方法根据对各决策单位观察，判断决策单位是否为DEA有效，本质上是判断DMU是否位于生产可能集的前沿面上，并指出DMU非有效的原因和程度，给相关决策部门提供管理信息和决策依据。DEA在用以研究多投入、多产出的生产函数理论时，由于不需要预先估计参数，可以避免主观因素、简化算法和减小误差，提高评价的可靠性。

2. 数据包络分析法的适用条件

数据包络分析法应用时应满足以下几个条件。

(1) 应用DEA方法的前提条件。构建科学合理的、能够反映最终评价目的的输入、输出指标体系是利用DEA方法进行评价的前提，然后对投入产出关系进行比较实现评价目标。

(2) 应用DEA方法时，其需要的数据必须具有可获得性。DEA方法进行效率方面的评价要求具有大量真实客观的数据作为技术支持，如果在评价过程中数据的可获得性较差，在一定程度上，可能会对效率测度水平的准确性产生影响。

(3) 应用DEA方法所评价的对象应该是同质的。评价对象的同质性是指研究对象单元必须是处在相同环境下，与此同时每个评价对象的指标具有同质性。

(4) 应用DEA方法对指标的量纲没有相关约束，指标数据不需要进行相关的量纲处理。作为评价对象的输入输出指标可以具有不同的单位，分析结果不会因为评价对象是绝对数值还是相对比率而发生变化。

(5) 应用DEA方法计算必须具有可实现性。因为DEA方法能够有效地处理效率评价问题，它是多输入、多产出且数据量非常大的问题，与定性的评价方法相比，其数据的处理难度非常大，如果进行数据处理，仅仅靠人工是不能实现的，在计算处理方面必须利用专门的数据分析软件进行，这里可以借助于相关的统计软件进行处理，包括 Deap 软件、Eviews 软件等。

3. 数据包络分析法适用于创新型企业绩效评价的优点

数据包络分析法以生产效率分析为起点，发展成为一种成熟的用于多投入、多产出的决策单元效率评价的强有力的分析工具。自 DEA 方法引入国内以后，学术界以及社会各个领域开始研究、探讨 DEA 分析方法，包括教育、银行业、审计业和制造业等。而且，这一方法应用的领域正在不断扩大。DEA 方法在上述领域的一个直接和重要的应用就是进行相对效率与效益方面的评价。数据包络分析法适用于创新型企业绩效评价，主要因为该方法具有以下优点。

（1）DEA 方法易处理多项产出和多元投入的评估问题，对输入和输出指标有较大的包容性，因此，在处理评价问题时比一般常规统计方法更具有优越性，在实际应用上可行性更强。该方法可以接受那些在一般意义上很难定量的指标，而且无须面对预设生产函数的确定和参数估计的困难。创新型企业绩效评价体系包含多层次内容，如创新能力的指标、人力资本及其盈利能力和发展能力等这些较难度量的指标，在该方法下都可接受实行。

（2）DEA 评估效率的结果是一个综合指标，适用于受评估单位之间的效率比较。数据包络分析法的两种较为成熟的模式为 CCR 和 BCC，可以进行技术效率、规模效率、松弛变量分析、敏感度分析和规模报酬分析等，可将其描述为经济学上的总要素生产力的概念，特别适合性质相同的单元之间的评估比较。该方法的这一特性恰好满足创新型企业绩效评价综合性的需求。

（3）DEA 模型中的权重系数根据数学规划，采用最优化方法确定，无人为主观的成分，因此避免了确定权重的误差，能满足立足点平等的原则，从而使得评价结果更具客观性。在设定的评估方式之下，任一 DMU 均无法依主观判断找到另一组权重，而使其效率大于 DEA 的评估结果。评价结果的客观、可靠是新型企业绩效评价体系构建的基本原则之一。

(4) DEA方法不仅可以处理比率尺度资料，还可以处理顺序尺度资料，使其在资料处理方面具有较高的灵活性和弹性。DEA方法不会因为计量单位的不同而影响效率值。只要受评估的DMU均使用相同的计量单位，则模型的目标函数值不受投入产出项计量单位的影响，如以元或万元为单位时，不必统一单位，大大简化了测量过程，且评估效率不变。由于新型企业绩效评价体系内容的多层性，DEA方法的运用将会给创新型企业绩效评价工作带来极大便利。

(5) DEA方法进行松弛变量分析、敏感度分析及效率分析，不仅能够了解组织资源使用的状况，而且可以揭示系统未知信息，进而作为管理者日后拟定决策的参考。创新型企业绩效评价需要通过DEA方法在成本、收入和利润方面进行上述分析，为管理者指出哪些指标需要改进，来进一步提高评价效果的有效性。

二、神经网络法

人工神经网络的研究始于20世纪40年代。人工神经网络是从微观结构与功能上对人脑神经系统的模拟而建立起来的一类模型，具有模拟人的部分形象思维的能力，是模拟人的智能的一条重要途径。它是由简单信息处理单元(人工神经元，简称神经元)互联组成的网络，能接收并处理信息。网络的信息处理由单元之间的相互作用来实现，它是通过把问题表达成处理单元之间的连接权来处理的。20世纪80年代以来，神经网络的理论和应用研究都取得了很大的成绩，在模式识别、信号处理、知识工程、专家系统、优化组合、智能控制等领域得到了广泛的应用。

1. 神经网络的特点

人工神经网络是人脑及其活动的一个理论化的数学模型，它由大量的处理单元通过适当的方式互相连接构成，模拟人的大脑神经处理信息的方式，是一个大规模的非线性自适应系统。它处理信息是通过信息样本对神经网络进行训练，使其具有人类大脑记忆与辨识能力，完成各种信息的处理功能。人工神经网络具有大规模并行、分布式存储和处理、自组织、自适应和自学习能力，特别适合处理模糊的、不精确的和需要同时考虑许多因素的问题。

虽然人工神经网络不完全等同于真正的生物神经网络，但它具有生物神经网络的部分优点，从而拥有一些固有的特性。

1）非线性

神经元是一个多输入、单输出的元件。人工神经元处于激活或抑制两种状态，这种行为在数学上表现为一种非线性关系。神经元具有非线性关系的输入输出特征、具有可塑性和阈值特征，可以存储所有的定量或定性信息。因此，由大量的具有输入输出、可塑性和阈值特征的神经元所构成的神经元网络存在可以提高神经元网络容错性和增加存储容量等方面的优势。

2）非局域性

单个神经元的特征不能决定由多个神经元连接组成的一个神经网络系统。整个系统的整体行为还要取决于神经元之间的相互结合与连接。其中，层与层间的神经元采用全互连的连接方式，每层内的神经元之间没有连接。通过神经元之间的全部和部分连接，形成相互广泛结合型的网络系统，模拟大脑神经网络的非局域性。

3）动态性

人工神经网络具有自适应、自组织、自学习能力。神经网络不但处理的信息可以有各种变化，而且在处理信息的同时，非线性动力系统本身也在不断变化。经常采用迭代过程描写动力系统的演化过程。

4）非凸性

一个系统的演化方向，在一定条件下取决于某个特定的状态函数。例如，能量函数，它的极值与系统相比处于比较稳定的状态。非凸性是指这种函数有多个极值，故系统具有多个较稳定的平衡态，这将导致系统演化的多样性。

人工神经网络中，神经元处理单元可表示不同的对象，例如，特征、字母、概念，或者一些有意义的抽象模式。网络中处理单元的类型分为三类：输入单元、输出单元和隐单元。输入单元接收外部世界的信号与数据；输出单元实现系统处理结果的输出；隐单元是处在输入和输出单元之间，不能由系统外部观察的单元。神经元间的连接权值反映了单元间的连接强度，信息的表示和处理体现在网络处理单元的连接关系中。人工神经网络是一种非程序化、适应性、大脑风格的信息处理，其本质是通过网络的变换和动力学行为得到一种并行分布式的信息处理功能，并在不同程度和层次上模仿人脑神经系统的信息处理功能。它是涉及神经科学、思维科学、人工智能、计算机科学等多个领域的交叉学科。

人工神经网络是并行分布式系统，采用了与传统人工智能和信息处理技术完全不同的机理，克服了传统的基于逻辑符号的人工智能在处理直觉、非结构化信息方面的缺陷，具有自适应、自组织和实时学习的特点。

2. 神经网络法的适用条件

神经网络法适用于处理大量未知模式的复杂数据，并且不需建立数学模型，避免了传统的评价方法中的主观因素，分析和建模的过程进行了简化，神经网络具有很强的非线性拟合能力，可映射任意复杂的非线性关系，而且学习规则简单，便于计算机实现。

神经网络法具有巨大的吸引力表现在以下几个方面：①并行分布处理。②容错能力。③分布存储及学习能力。④能充分逼近复杂的非线性关系。

在控制领域研究中，不确定性系统的控制问题长期以来都是控制理论研究的中心主题之一，始终没有得到有效的解决。神经网络法利用自身的学习能力，通过对不确定性系统自动学习系统的特性进行控制，可以自动适应系统随时间的特性变异，从而能够达到对系统的最优控制，显然这是一种振奋人心的方式。

人工神经网络的模型现在有 10 多种，BP 网络、Hopfield 网络、ART 网络和 Kohonen 网络都是应用较多的典型的神经网络模型。典型训练集难以选取是利用人工神经网络来进行综合评价的难点，所以获得人工神经网络的学习样本来实现对神经网络的综合评价法的应用还需借助其他方法来进行，人工神经网络通过学习样本集后，网络中将储存各指标的权重，之后输入实际问题的特征参数，评价结果就可以通过人工神经网络自行给出。

3. 神经网络适用于创新型企业绩效评价的优点

神经网络评价方法能通过处理大量未知模式的复杂数据，生成一个反映所有输入输出变量相应关系的模式，解决传统方法中如何选择适当模型函数的难题，不需建立数学模型，避免了传统的评价方法带有的人为因素，并简化了分析和建模的过程，比较适用于创新型企业绩效评价。其具有如下优点。

(1) 神经网络适用于创新型企业绩效评价，对创新型企业真实绩效能准确反映，从而可靠地提高创新型企业绩效评价。神经网络评价方法是，通过训练中学习和适应的过程，发现输入与输出的内在联系，再结合所提供的客观数据求解，并不受经验知识和个人的主观预测等主观因素影响，因而具有自适应能力，有益于弱化权重确定中的人为因素，使创新型企业绩效评价更具有可靠性和客观性。

(2) 神经网络评价方法，是处理创新型企业进行绩效评价中存在的非线性问题的有力工具。对创新型企业进行绩效评价的实际操作中，绩效评价非常复杂，各个影响因素之间相互关联，呈现出复杂的非线性关系。而神经网络是典型的利用非线性可微分函数进行权值训练的多层网络，可以充分逼近任意复杂的非线性关系，是处理创新型企业进行绩效评价这类非线性问题的强有力工具。通过对若干样本进行自学习和自适应，确定各指标的加权向量，建立网络输入变量与输出变量之间的全局非线性映射关系，使得对这些已知的输入和输出得到最佳的一致性。

(3) 将神经网络评价方法应用到创新型企业绩效评价体系的建立中，可以降低创新型企业绩效评价的成本。由于神经网络结构简单，神经网络评价方法不需要建立传统的数学模型，只需要将处理过的数据输入设定好的网络中，通过相应程序即可得出结果，评价方法更加快捷。神经网络评价方法所具有的这种快捷速度，将为创新型企业绩效评价操作显著节约成本。

(4) 神经网络评价方法强大的信息处理能力有助于创新型企业绩效评价目标的实现。神经网络可以接收任意复杂的输入信号，包括各种定量或定性信息，而且对指标变量的分布也没有特殊要求，通过自学习和训练，即使当数据有噪声或不完全时，也能正常工作。神经网络这种强大的泛化能力和容错能力,使得在对创新型企业进行绩效评估时,运用该方法能够快捷地进行大量运算,处理大量的信息,解决数据间的互补和冗余问题,满足创新型企业绩效评价综合性,例如,定性指标与定量指标相结合、短期绩效和长期绩效的指标相结合的多层性需求。

(5) 神经网络评价方法中用来研究的参数可以比传统的统计方法多很多,参数也可以通过各种各样的组合方式影响模型输出结果,而不必拘泥于变量之间线性关系的假设,从而有助于揭示变量之间隐藏的非线性关系。因此,神经网络评价方法应用于创新型企业绩效评价,可以揭示影响创新型企业绩效水平的相关因素之间隐藏的非线性关系,从而有助于决策者调整评价指标,优化创新型企业绩效评价体系。

三、方法的选择及适用范围

创新型企业经过以上分析,可以看出数据包络分析法、神经网络模型对创新型企业绩效评价具有很强的适应性,能够全面准确地评价创新型企业绩效形成的过程及相对影响因素,因此绩效评价中利用 DEA、神经网络模型作为评价方法是较常见的选择。

但这两种方法在进行创新绩效评价时也有不同的特点。

DEA 方法由于选取输入指标和输出指标选择等限制(在 DEA 输入、输出数量指标过多时,决策单元指标之间的同构性差,投入与产出的相互影响关系清晰度受到影响),以及 DEA 方法只表明评价单元的相对预期指标,无法表示出现实发展情况,因此,DEA 适用于行业间的企业绩效评价比较。所以该方法一般作为行业中创新型企业绩效评价排名的主要方法。

而神经网络分析法的优点表现在神经网络评价方法能通过处理大量未知模式的复杂数据,不需建立数学模型,避免了传统的评价方法中的主观因素,并简化了分析和建模的过程,神经网络具有很强的非线性拟合能力,可映射任意复杂的非线性关系,而且学习规则简单,便于计算机实现;具有很强的记忆能力、非线性映射能力以及强大的自学习能力。其缺点一是没能力来解释自己的推理过程和推理依据；二是不能向用户提出必要的询问，而且当数据不充分的时候，神经网络就无法进行工作。虽然神经网络具有这些缺点，但是整体适用单个企业创新绩效影响因素分析，通过神经网络可以准确评价各项影响因素情况，为单个企业创新绩效形成提供相关支持，所以一般将神经网络用作单个企业的创新绩效形成因素的分析。

章末小结

(1) 技术创新绩效体现在技术创新活动的产出和对企业的影响上,是指企业技术创新过程的效率、产出的成果及其对商业成功的贡献,包括技术创新产出绩效和技术创新过程绩效。

(2) 传统绩效评估、战略性绩效评估与创新绩效评估的区别。

(3) 创新绩效评价指标体系的设计思路与具体内容。

(4) 对数据包络分析模型和神经网络模型应用于创新型企业绩效评价进行分析,其中数据包络分析包括数据包络分析方法的特点、数据包络分析方法的适用条件及其适用于创新型企业绩效评价的优点、神经网络模型评价方法的特点、神经网络的适用条件及其适合于创新型企业绩效评价的优点。

参 考 文 献

[1] Best M. The new competitive advantage: the renewal of American industry[J]. OUP Catalogue, 2001.

[2] Chiesa V, Coughlan P, Voss C A. Development of a technical innovation audit[J]. Journal of product innovation management, 1996, 13(2): 105-136.

[3] Kaplan R S, Norton D P. The strategy-focused organization: How balanced scorecard companies thrive in the new business environment[M]. Harvard Business Press, 2001.

[4] 玫·笛德,约翰·本珊特,基思·帕维特. 管理创新——技术变革、市场变革和组织变革的整合[M]. 王跃红,李伟立,译. 北京:清华大学出版社,2008.

[5] 珀威茨·K.阿曼德,查尔斯·D.谢泼德. 创新管理——情境、战略、系统和流程[M]. 陈劲,等译. 北京:北京大学出版社,2014.

[6] 托尼·达维拉,等. 创新之道——持续创造力造就持久成长力[M]. 刘勃,译. 北京:中国人民大学出版社,2007.

[7] 熊彼特.经济发展理论[M]. 北京:商务印书馆,1991.

[8] 白雪冰. 使用BP和RBF神经网络预测浙江的经济增长[J]. 企业研究,2010(16):80-84.

[9] 陈劲,何郁冰,朱铭. 基于RIR的企业合作创新绩效影响因素研究[J]. 科学学研究,2007(5):1003-1009,990.

[10] 陈劲,梁靓,吴航. 基于解吸能力的外向型技术转移研究框架——以网络嵌入性为视角[J]. 技术经济,2012(5):8-11,23.

[11] 陈劲,梁靓,吴航. 开放式创新背景下产业集聚与创新绩效关系研究——以中国高技术产业为例[J]. 科学学研究,2013(4):623-629,577.

[12] 陈劲,刘景江,杨发明. 绿色技术创新审计实证研究[J]. 科学学研究,2002(1):107-112.

[13] 陈劲,刘景江,杨发明. 绿色技术创新审计指标测度方法研究[J]. 科研管理,2002(2):

64-71.

[14] 陈劲，邱嘉铭，沈海华. 技术学习对企业创新绩效的影响因素分析[J]. 科学学研究，2007(6)：1223-1232.

[15] 陈劲，伍蓓，方琴，王飞绒. E-innovation 绩效影响因素研究[J]. 研究与发展管理，2008(6)：67-75.

[16] 陈劲，徐大可，伍蓓. 技术、制度与生产率关系研究——基于中国各省区发展的实证分析[J]. 科学学研究，2007(2)：232-240.

[17] 陈劲，阳银娟. 协同创新的驱动机理[J]. 技术经济，2012(8)：6-11,25.

[18] 陈劲，郑刚. 创新管理——赢得持续竞争优势[M]. 北京：北京大学出版社，2009.

[19] 陈劲,陈钰芬. 企业技术创新绩效评价指标体系研究[J]. 科学学与科学技术管理，2006(3)：86-91.

[20] 陈钰芬，陈劲. 开放式创新促进创新绩效的机理研究[J]. 科研管理，2009(4)：1-9,28.

[21] 高建，汪剑飞，魏平. 企业技术创新绩效指标：现状、问题和新概念模型[J]. 科研管理，2004(1)：14-22.

[22] 郭爱芳，陈劲. 企业成长中科学/经验学习的协同演进——基于中集集团的案例分析[J]. 科学学研究，2012(5)：748-754,695.

[23] 李兴宽. 基于持续创新动力、能力、绩效的企业评估研究[D]. 昆明：昆明理工大学,2010.

[24] 王志玮，陈劲. 企业破坏性创新概念建构、辨析与测度研究[J]. 科学学与科学技术管理，2012(12)：29-36.

[25] 魏江. 基于核心能力的企业购并模式框架研究[J]. 管理科学学报，2002(2)：41-48.

[26] 温素彬. 企业三重绩效的层次变权综合评估模型——基于可持续发展战略的视角[J]. 会计研究，2010(12)：82-87.

[27] 吴正杰，宋献中. 企业创新绩效测评标准选择——困惑、对策与启示[J]. 会计研究，2011(4)：75-81,94.

[28] 徐晓伟，张军. 我国企业创新绩效非财务评估指标体系的构建[J]. 统计与决策，2000(10)：8-9.

[29] 许庆瑞. 全面创新管理[M]. 北京：科学出版社，2007：77.

[30] 杨东宁，周长辉. 企业环境绩效与经济绩效的动态关系模型[J]. 中国工业经济，2004(4)：43-50.

[31] 张武青. 基于流程的H财务公司平衡计分卡绩效评估体系研究[D]. 中国海洋大学，2013.

第十章 创新管理新趋势

学习目标：了解创新管理理念的未来发展；把握创新管理的未来新趋势。

第一节　创新管理理念的未来发展

一个由灵活的、网络化的组织所构成的全球经济，一个由信息技术和各种劳动力推动的全球经济，需要组织管理理念与组织运作关系更加紧密，在技术上更具可行性，周期更短，更加革新和学习导向化，更加内部自律，能适应更多不同客户的需要，更跨文化性以及对价值的判断更为明晰。

一、创新管理理念将会变得更加多学科化

全球化、技术化、多元化和其他一些趋势将会大大地拓展组织创新管理理念，并使其他社会科学与计划性的变革更加相关。这表明，组织管理理念将会变得更加多学科化，并依赖于各种各样不同的途径和视角去发展与变革组织。从历史上看，组织创新管理理念的重点从关注小组织和社会过程转变到组织结构与工作设计；现阶段，已经进一步转到战略和全球性的社会变化上。在这一过程中，一些学科已经运用到组织创新管理理念中，包括组织理论、工业工程、劳动关系、比例管理及公司战略。在将来，组织管理理念将帮助组织把焦点转到全球网络、电子商务、生态可持续性、临时雇员、企业家素质的成长、经济和劳动力的多元化等方面。这些范围扩大后的实践，需要一些新的方式来管理信息系统、国际关系、社会生态、企业家素质和劳动经济学所带来的变化。可喜的是，很多学科都在扩展它们的领域，并逐渐认识到新的组织创新管理理念能给它们带来的贡献，如战略管理、社会生态学、经济学这些传统的着重考虑技术发展、产品发展、社会阶层结构以及经济业绩的学科，正融入人力资源变

革和其他组织中，使它们能更好地设计公司价值、社会发展等方面的模型。

随着组织创新管理理念变得更加多学科化，一种综合管理变革方法离我们不远了。比如，在复杂科学和混沌理论中的一些最新发展，为组织管理专家提供了更新、更抽象、更丰富多彩的概念性框架，也表明了其他如数学、物理等学科怎样在这一统一变化的理论中起到各自的作用。在理想的情况下，完整的前景应该是在人类的发展与经济业绩之间实现平衡，提供一个对组织系统和人力方面更加完整的认识，并且创造更新的技术管理和大规模的跨文化与文化类的变革。对于组织管理理念实践来说，当所有的雇员都在战略性地思考，并且在自我兴趣、组织福利、生态福利的指引下前进时，受益的显然就是组织本身。

二、创新管理理念会更加跨文化

随着组织和经济越来越全球化，近年来新的组织管理理念在国际和跨文化情况下的运用就是未来的一种缩影。尽管我们在这一领域的研究和实践都日渐增多，我们对在跨文化情况下的变革计划却知之甚少。传统上，组织管理创新只是在特定的文化下的组织中运用，英国的组织管理专家帮助设在英国的组织去解决问题，墨西哥的组织管理专家帮助拉丁美洲的组织，等等。但是，当今的潮流却要求组织管理在跨文化间的应用，团队建设干预需要修正，以便去帮助那些从未谋面但却共同负责在短期内开发一种新产品的来自多个国家的人，如美国人、印度人、中国人、韩国人、法国人、加拿大人，组成的团队也有必要调整，进行合并和收购，以便帮助日本公司和美国公司实施一个新的组织结构，这样对双方都有利。由于在跨文化下运作的组织的数量在不断增加，从而给组织管理理念创新带来的机会是无穷的。例如，在分支机构，运作单位和总公司之间的组织间与跨组织的关系，多文化环境下的团队建设，制定全球的后勤和供应链，在不同的民族文化下实施不同的中心价值观，设计在多层次下运作的战略计划等。另外，组织管理会在全球社会变革组织中找到越来越多的机会，因为这些组织通常也是国际网络中的一分子，跨组织管理理念过程和网络结构的发展在多元化下还会继续取得更大的发展，在将来会有重要的运用。

三、组织创新管理理念将会更加明晰价值

经济和技术发展的趋势表明，在未来的几年内，组织管理专家会遇到更多的价值方面的困难，比如财富的不断集中化和组织管理理念传统上的平等与平均主义之间的冲突，组织管理专家需要清醒地知道他们在怎样帮助组织来集权或是分权。同样地，技术能把人们隔离开，也能把大家聚到一起，组织管理专家在把技术融入变革管理过程中时所做的选择会对诸如整合、影响、参与等情感产生重要影响，最后，不管专家们怎样尽力包容多样性，他们还是常常被一些基于文化的差异所困扰。

一般来说，组织管理专家最初提供给组织的是一整套人道的、民主的价值观。随着时间的推移，一些有利于组织改革提高的价值观被补充到那些价值中去，因而不尽力满足人道和有效这两个目标时就会产生冲突，现今这一领域中的冲突大多基于此。许多专家认为，组织管理理念已经变得太综合了，可能会在财富集中方面和管理层上产生冲突。他们坚持，组织管理理念应该返回到它最初的价值观上去，着力于解放组织中人的潜能。另外一些专家则认为，仅仅着力释放人们的潜能会使组织管理理念陷入不相关的境地，限制了它为一个更好的未来做贡献，这是一个组织管理中非常重要的正在进行中的争论。随着一些其他价值观，如生态持续性、经济平等性等进入变革的领域，这一争论会变得更加激烈。组织管理专家将会更多地替组织出主意，帮助它们去平衡个人发展和工作需要，提高组织的短期利润，同时使长期环保可持续性最大化。在这么多的价值观中要取得平衡是很困难的，如果专家们能清楚地认识到这些价值和困境，并能帮助客户实施战略措施去解决它们，组织管理理念就会对组织的未来产生决定性影响。

四、创新管理理念更具创新性和学习性

在组织管理理念所面临的千变万化的环境中，变化的目标应该更多地针对创造全新的结构、程序、行为，而不是仅仅对现状的调整。正如一位公司总裁所说，那些“管理变化”的组织已经落后了，以后成功的组织将是那些创造变化的组织，这就需要

前所未有的变革和学习。股份分散所代表的利益分散，要求一个患难与共的未来，并且学习怎样实施它。由于这个过程一般都要涉及未知领域，组织成员得与变革代理人共同学习，共同开拓未知领域。实施新的组织管理创新将需要大量的实验，如参与者试用一些新的大量的工作、评估、调整方法。实际上，他们将会从自己的行动中学习到怎样创造新的战略、组织和服务。共同学习的努力能够使一些新的可能和方法得到实施，而这在以前是不可想象的。因此，这是一个创新的过程，而不是一个改错的过程。反过来，新的结构和系统会使组织的信息增多，从而提高它的学习能力与在一个技术和经济都在不断变化的环境中的适应能力。组织管理的一些干预措施，如行为科学心理研究、重点询问调查、自我设计型组织和学习型组织等，在不远的将来会出现创新的先行者。

第二节　创新管理的未来趋势

一、大数据时代的创新思维

近年来大数据技术的快速发展深刻改变了我们的生活、工作和思维方式。大数据研究专家舍恩伯格指出，大数据时代，人们对待数据的思维方式会发生如下三个变化：第一，人们处理的数据从样本数据变成全部数据；第二，由于是全样本数据，人们不得不接受数据的混杂性，而放弃对精确性的追求；第三，人类通过对大数据的处理，放弃对因果关系的渴求，转而关注相关关系。事实上，大数据时代带给人们的思维方式的深刻转变远不止上述三个方面，其关键在于它带来了人们思维的创新，将引起新的一轮创新浪潮，主要体现在以下思维的转变。

1. 总体思维

社会科学研究社会现象的总体特征，以往采样一直是主要数据获取手段，这是人类在无法获得总体数据信息条件下的无奈选择。在大数据时代，人们可以获得并分析更多的数据，甚至是与之相关的所有数据，而不再依赖于采样，从而可以带来更全面的认识,可以更清楚地发现样本无法揭示的细节信息。正如舍恩伯格总结道:“我们总是习惯把统计抽样看作文明得以建立的牢固基石,就如同几何学定理和万有引力定律一样。但是,统计抽样其实只是为了在技术受限的特定时期,解决当时存在的一些特定问题而产生的,其历史不足一百年。如今,技术环境已经有了很大的改善。在大数据时代进行抽样分析就像是在汽车时代骑马一样。在某些特定的情况下,我们依然可以使用样本分析法,但这不再是我们分析数据的主要方式。”也就是说,在大数据时代,随着数据收集、存储、分析技术的突破性发展,我们可以更加方便、快捷、动态地获得研究对象有关的所有数据,而不再因诸多限制不得不采用样本研究方法,相应地,思维方式也应该从样本思维转向总体思维,从而能够更加全面、立体、系统地认识总体状况。

2. 容错思维

在小数据时代,由于收集的样本信息量比较少,所以必须确保记录下来的数据尽量结构化、精确化,否则,分析得出的结论在推及总体上就会“南辕北辙”,因此,就必须十分注重精确思维。然而,在大数据时代,得益于大数据技术的突破,大量的非结构化、异构化的数据能够得到储存和分析,这一方面提升了我们从数据中获取知识和洞见的能力;另一方面也对传统的精确思维发起了挑战。舍恩伯格指出,“执迷于精确性是信息缺乏时代和模拟时代的产物。只有5%的数据是结构化且能适用于传统数据库的。如果不接受混乱,剩下95%的非结构化数据都无法利用,只有接受不精确性,我们才能打开一扇从未涉足的世界的窗户”。也就是说,在大数据时代,思维方式要从精确思维转向容错思维,当拥有海量即时数据时,绝对的精准不再是追求的主要目标,适当忽略微观层面上的精确度,容许一定程度的错误与混杂,反而可以在宏观层面拥有更多的知识和更好的洞察力。

3. 相关思维

在小数据世界中,人们往往执着于现象背后的因果关系,试图通过有限样本数据来剖析其中的内在机理。小数据的另一个缺陷就是有限的样本数据无法反映出事物之间的普遍性的相关关系。而在大数据时代,人们可以通过大数据技术挖掘出事物之间隐蔽的相关关系，获得更多的认知与洞见，运用这些认知与洞见就可以帮助我们捕捉现在和预测未来，而建立在相关关系分析基础上的预测正是大数据的核心议题。通过关注线性的相关关系，以及复杂的非线性相关关系，可以帮助人们看到很多以前不曾注意的联系，还可以掌握以前无法理解的复杂技术和社会动态，相关关系甚至可以超越因果关系，成为我们了解这个世界的更好视角。舍恩伯格指出，大数据的出现让人们放弃了对因果关系的渴求，转而关注相关关系，人们只需知道“是什么”，而不用知道“为什么”。我们不必非得知道事物或现象背后的复杂深层原因，而只需要通过大数据分析获知“是什么”就意义非凡，这会给我们提供非常新颖且有价值的观点、信息和知识。也就是说，在大数据时代，思维方式要从因果思维转向相关思维，努力颠覆千百年来人类形成的传统思维模式和固有偏见，才能更好地分享大数据带来的深刻洞见。

4. 智能思维

不断提高机器的自动化、智能化水平始终是人类社会长期不懈努力的方向。计算机的出现极大地推动了自动控制、人工智能和机器学习等新技术的发展，“机器人”研发也取得了突飞猛进的成果并开始一定的应用。应该说，自进入到信息社会，人类社会的自动化、智能化水平已得到明显提升，但始终面临“瓶颈”而无法取得突破性进展，机器的思维方式仍属于线性、简单、物理的自然思维，智能水平仍不尽如人意。但是，大数据时代的到来，可以为提升机器智能带来契机，因为大数据将有效推进机器思维方式由自然思维转向智能思维，这才是大数据思维转变的关键所在、核心内容。众所周知，人脑之所以具有智能、智慧，就在于它能够对周遭的数据信息进行全面收集、逻辑判断和归纳总结，获得有关事物或现象的认识与见解。同样，在大数据时代，随着物联网、云计算、社会计算、可视技术等的突破发展，大数据系统也能够自动地搜索所有相关的数据信息，并进而类似“人脑”一样主动、立体、逻辑地分析数据、做出判断、提供洞见，那么，无疑也就具有了类似人类的智能思维能力和预测未来的能力。“智能、智慧”是大数据时代的显著特征，大数据时代的思维方式也要求从自然思维转向智能思维，不断提升机器或系统的社会计算能力和智能化水平，从而获得具有洞察力和新价值的东西，甚至类似于人类的“智慧”。

舍恩伯格指出，“大数据开启了一个重大的时代转型。就像望远镜让我们感受宇宙，显微镜让我们能够观测到微生物一样，大数据正在改变我们的生活以及理解世界的方式，成为新发明和新服务的源泉，而更多的改变正蓄势待发”。大数据时代将带来深刻的思维转变，大数据不仅将改变每个人的日常生活和工作方式，改变商业组织和社会组织的运行方式，而且将从根本上奠定国家和社会治理的基础数据，彻底改变长期以来国家与社会诸多领域存在的“不可治理”状况，使国家与社会治理更加透明、有效和智慧。

二、基于互联网思维的创新

互联网的发展，是历史发展的大势所趋，是社会进步的潮流所向，更是未来中国的机遇所在。目前，关于互联网思维尚无统一的定义，一般认为，“互联网思维”是重新审视市场、用户、产品、企业价值链乃至整个经济发展的思考方式与思想方法。它不是技术思维，不是营销思维，也不是电商思维，而是一种系统性贯穿产品设计、生产、物流、营销等全流程的思维方式。关于“互联网思维”的内涵，比较公认的十个核心思维是：用户思维、简约思维、第一思维、标签思维、痛点思维、尖叫点思维、粉丝思维、爆点思维、迭代思维、整合思维。

(1) 用户思维。互联网消除了信息不对称，消费者主权时代到来。企业必须在市场定位、产品研发、生产销售乃至售后服务整个价值链各环节，都坚持“以用户为中心”的理念。主动站在用户立场思考产品，让用户参与产品开发，或是按需定制。追求用户体验至上，超出用户预期。

(2) 简约思维。简约是为了让用户能够迅速地找到自己所需要的功能，快速上手、零成本学习，本质上是减少用户使用负担，提升用户体验。

(3) 第一思维。互联网时代“胜者为王、强者恒强”，市场上第一名和第二名的占有率往往存在很大差别。企业必须树立第一思维，才能在市场竞争中脱颖而出，获得“滚雪球”式的成长速度。届时，其他竞争者将很难撼动其地位。

(4) 标签思维。在互联网时代,没有标签的产品等同于没有定位,有多个标签的产品也等同于没有定位。标签思维要求在产品初期就进行精确定位,并围绕这个定位进行开发、改进,持续专注地坚持这个标签。

(5) 痛点思维。痛点是指某项产品或服务被大多数人反复表述过的有待解决的问题。痛点的背后往往隐藏着有价值的功能诉求。在体验经济盛行的年代,痛点是一切产品开发的基础。要尤为重视挖掘用户痛点,提升用户体验,超越用户预期。

(6) 尖叫点思维。如果产品仅仅解决了用户的痛点,还不足以让用户推荐,必须让用户觉得实在是太好了,才会有尖叫点。

(7) 粉丝思维。学会借助网络通信工具,与粉丝密切互动,保持粉丝的参与感、尊重感、成就感。小米手机在开发之初,就不断吸收用户反馈、完善产品,这种迥异于传统企业的做法,让"米粉"们有了很强的参与感,成为小米发展的重要支撑。

(8) 爆点思维。爆点就是产品能够引爆话题的点。在互联网时代,企业需要着眼于产品本身的引爆点,借用微博、微信、博客、论坛等社会化媒体推广产品、形成口碑,需要将产品爆点用更加碎片化、更加网络化的表达方式不断推向网络。

(9) 迭代思维。互联网时代,从生产到消费的时间非常短,消费者意见反馈成本非常低。这是互联网产品能够"快速迭代"的基础。迭代思维允许产品有所不足,在持续迭代中完善产品。小米 MIUI 系统,就是以周为迭代开发的周期。

(10) 整合思维。整合思维要求跳出行业的条条框框,看到自身的资源、优势和弱势,看到行业和整个大环境的资源、优势和弱势。在不同整合对象之间寻找共同利益所在,同时能够提供彼此之间有利的条件,以达到"1+1>2"的整体效果。

"互联网思维"本质上是一种"用户至上、开放合作"的思维模式,它是相对于传统工业思维而言的,与传统工业思维模式存在诸多差异。

(1) 具有互联网思维的企业,主要关注产品可以带来多少用户,然后再考虑从用户身上获取多少利润,很多互联网企业的产品表面看没有盈利,其实是通过产品黏住用户,挖掘更多商机;传统思维则关注产品本身,所有的收益都与产品挂钩,盈利点过于狭窄。

(2) 互联网思维强调开放和大范围协作，注重外部参与，例如谷歌提供大量免费工具，利用众包模式设计谷歌眼镜；传统思维往往自闭于外界，即使有协作，也是小范围的协作。

(3) 互联网思维关注产品的可扩展性，通过软件升级不断提升产品功能，拉长产品生命周期；传统思维则关注以新产品替代旧产品，让用户更换产品达到升级目的，反而造成用户流失。

(4) 互联网思维注重吸纳用户参与产品开发，在信息面前人人平等，人人都可以参与产品开发；传统思维认为，用户只是产品的使用者，难以参与产品开发。

(5) 互联网思维强调开放、协作、共享，讲究小而美，对应扁平化的组织架构；传统思维认为，组织架构自上而下、等级分明，讲求大而全。

可见，互联网思维的发展必然带动企业的转型与创新，对企业的生产、管理等方面均提出了挑战。如何在互联网时代实现创新，培养具有创新思维的人才，形成相应的创新管理机制，是创新管理未来研究的方向。

章末小结

(1) 全球化、技术化、多元化和其他一些趋势将会大大地拓展组织创新管理理念，组织管理理念将会变得更加多学科化，并依赖于各种各样不同的途径和视角去发展与变革组织。

(2) 在组织管理理念所面临的千变万化的环境中，变化的目标应该更多地针对创造全新的结构、程序、行为，而不是仅仅对现状的调整。

参考文献

[1] 埃哈尔·费埃德伯格.权力与规则[M].上海:上海人民出版社,2005.

[2] 德鲁克基金会.未来的组织[M].北京:中国人民大学出版社,2006.

[3] 加雷思·摩根.组织[M].北京:清华大学出版社,2005.

[4] 金锡万.管理创新与应用[M].北京:经济管理出版社,2003.

[5] 玫·笛德,约翰·本珊特,基思·帕维特.创新管理[M].北京:清华大学出版社,2004.

[6] 罗伯特·T.戈伦比威斯基,格伦·U.瓦尼.组织发展案例:环境、行为与组织变革[M].北京:中国人民大学出版社,2006.

[7] 苗宇.世界五百强管理之道全集[M].北京:地震出版社,2005.

[8] 王建民.企业管理创新理论与实务[M].北京:中国人民大学出版社,2003.

[9] 魏杰.中国企业制度创新[M].北京:中国发展出版社,2006.

[10] 阎海峰,王端旭.现代组织理论与组织创新[M].北京:人民邮电出版社,2003.

[11] 张继焦.价值链管理[M].北京:中国物价出版社,2001.

[12] 张楠.组织的问题管理[M].北京:机械工业出版社,2004.

[13] 张羿.后现代企业管理革命[M].昆明:云南人民出版社,2004.

教学支持说明

扫描二维码在线填写
更快捷获取教学支持

尊敬的老师：

您好！为方便教学，我们为采用本书作为教材的老师提供教学辅助资源。鉴于部分资源仅提供给授课教师使用，请您填写如下信息，发电子邮件给我们，或直接手机扫描上方二维码在线填写提交给我们，我们将会及时提供给您教学资源或使用说明。

（本表电子版下载地址：http://www.tup.com.cn/subpress/3/jsfk.doc）

课程信息

书　　名			
作　　者		书号（ISBN）	
开设课程1		开设课程2	
学生类型	□本科　□研究生　□MBA/EMBA　□在职培训		
本书作为	□主要教材　□参考教材	学生人数	
对本教材建议			
有何出版计划			

您的信息

学　　校			
学　　院		系/专业	
姓　　名		职称/职务	
电　　话		电子邮件	
通信地址			

清华大学出版社客户服务：

E-mail: tupfuwu@163.com
电话：010-62770175-4506/4903
地址：北京市海淀区双清路学研大厦 B 座 506 室

网址：http://www.tup.com.cn/
传真：010-62775511
邮编：100084